Kirk Freeman es uno de los discipuladores más dotados y apasionados que conozco. Este libro cambiará tu paradigma sobre el discipulado y te dará herramientas para ponerlo en práctica. Para cuando lo termines, disfrutarás aún más de tu relación con Jesús.

—**Mark Batterson**, autor más vendido del New York Times de *The Circle Maker* y Pastor Principal de National Community Church

La mejor capacitación para hacer discípulos es reproducible y transferible. Cualquiera la puede hacer, en cualquier lugar. Kirk ha logrado esto claramente en su propia vida y ministerio, e *Hilos* captura esta esencia. Este libro es muy útil y sencillo. Planeo recomendarlo a todos los que entreno y mentoreo.

—**Jeff Vanderstelt**, Director Ejecutivo de Saturate, fundador de Soma y autor de *Saturate, Gospel Fluency, Making Space* y *One-Eighty*.

Kirk Freeman ha sido un querido amigo durante más de tres décadas, y he tenido un asiento en primera fila para ver cómo su mensaje de discipulado se vive y se reproduce, impactando al mundo que nos rodea.

Hilos es un libro innovador para aquellos de nosotros comprometidos a ser discípulos que hagan discípulos, un tesoro raro escondido en un campo y te animo a que, al leerlo, tú también impactes al mundo siendo un discípulo que hace discípulos.

Estoy profundamente agradecido por Kirk Freeman y su familia por la vida que viven y el modelo de discipulado que representan, como discípulos de Jesús que discipulan a su familia, a la comunidad de su iglesia y a los líderes de su ciudad. Kirk nos ha dado un marco de discipulado que realmente funciona. Muchas veces, el discipulado es solo una idea o un deseo, pero no se vive plenamente. Kirk nos guía en *Hilos* para hacer lo mismo mientras procuramos hacer discípulos dondequiera que vayamos.

—**Jimmy Seibert**, Fundador y Pastor Principal de Antioch Community Church y Líder Principal del Movimiento Antioch

Consistentemente animo a los estudiantes de seminario a ver sus estudios como un acto de devoción cristiana y discipulado. Este volumen revela la sabiduría de percibir y abordar la totalidad de la vida cristiana en términos de ser y hacer discípulos. Al hacerlo, *Hilos* nos recuerda nuevamente el mandato de Jesús a cada generación de cristianos de seguirlo y hacer discípulos para él. Aquí, Kirk Freeman desmitifica el discipulado y el hacer discípulos, al mismo tiempo que lo prioriza para todos los seguidores de Cristo. ¡Un correctivo necesario y un recurso oportuno para iglesias y ministros!

—**Dr. Todd D. Still**, Decano de Charles J. y Eleanor McLerran DeLancey & Profesor de Escrituras Cristianas de William M. Hinson, Universidad de Baylor, Seminario Truett, Waco, TX

El discipulado nunca fue pensado como una clase, sino como una serie de conversaciones que crean espacio para que el Espíritu Santo genere transformación que conduzca a la multiplicación. Por lo tanto, lo que celebramos, otros lo imitarán. *Hilos* no es solo otro libro sobre el alusivo tema de hacer discípulos. Es una guía de campo para una aventura en las profundidades de las relaciones humanas, produciendo un gozo inextinguible en Jesús. Mi amigo, hermano y colega no solo ha escrito una obra maestra, él es, por definición, este libro. Threads es el pastor Kirk Freeman. He sido renovado y refrescado personalmente por este ministerio de discipulado a través de este recurso, y tú también lo serás.

—**Dr. Ed Newton**, Pastor Principal, Community Bible Church, San Antonio, TX

Para Kirk Freeman, el discipulado fiel no puede limitarse simplemente a pequeños grupos que estudian la Biblia, oran juntos y aprenden contenido esencial. En lugar de ver el discipulado como un tema a ser dominado, Kirk fundamenta su enfoque único en la metáfora profundamente relacional, íntima y bíblica de la novia y el novio. *Hilos* nos lleva al corazón de un pastor que comparte, con una transparencia notable (y a menudo entretenida), sus propios errores y percepciones equivocadas en el proceso de aprender a seguir el mandato de Jesús de "hacer discípulos de todas las naciones."

—**Mark DeVries**, pastor, autor, and fundador de Ministry Architects y co-fundador de Ministry Incubators

He conocido a Kirk durante más de 14 años como pastor y amigo, y la sabiduría que ofrece en *Hilos* ha sido labrada y puesta en práctica, luchada y refinada. En un mundo ministerial lleno de grandes teorías pero a veces con poco fruto, he tenido el privilegio de ver cómo las verdades en *Hilos* han cambiado la trayectoria de individuos, familias y, en última instancia, de una iglesia y más allá en CrossBridge. El fruto es visible, y yo lo he visto. Estos capítulos contienen una sabiduría fácilmente digerible para aquellos que buscan un plan claro de discipulado. Jesús nunca quiso que fuera difícil y agotador, sino una fuente de vida. Kirk ofrece una guía práctica para que todos puedan dar el paso hacia una vida de ser "centrados en Jesús, con un llamado al Reino, dejando huellas diseñadas para que otros las sigan." Su pasión por "permitir que la novia se encuentre con el novio" ha transformado su iglesia en una familia floreciente que luce como debería: gozosa en su misión y con la mirada puesta en Dios. Estoy agradecida por él y por estas páginas. Toda iglesia debería mirar con nuevos ojos el concepto del discipulado y aprender de sus años de siembra y cosecha.

—**Jen Barnett**, Directora Ejecutiva, Freedom Prayer

Hilos es un modelo de discipulado reproducible y accesible que usamos con gran efectividad en nuestra comunidad. Te sorprenderá lo que Jesús te mostrará y cuán ansiosos están los demás por practicar el gozo de conocerlo.

—**Jeff Harris**, Gracepoint Church, San Antonio, TX

Hilos es un relato inspirador de cómo Jesucristo renovó el corazón de Kirk Freeman por el ministerio, recordándole que seguir a Jesús requiere hacer discípulos que hagan discípulos. Freeman magnifica hábilmente las fibras bíblicas del discipulado para fomentar una nueva visión de hacer discípulos entretejida en la vida de la iglesia.

—**Chris Johnson**, Pastor Principal, First Baptist Church San Antonio, TX

Hilos

TEJIENDO LA FORMACIÓN DE DISCÍPULOS EN LA TELA DE TU VIDA

KIRK FREEMAN

✝

CROSS**BRIDGE**

BOOKS

SAN ANTONIO, TEXAS

Hilos: Tejiendo la formación de discípulos en la tela de tu vida. Derechos de autor @2023 Kirk Freeman. Traducción al español ©2025 Kirk Freeman.

Disponible en línea en DiscipleMakingThreads.com

Hilos / Kirk Freeman
ISBN: 979-8-9884789-5-9
Library of Congress Control Number (EN): 2023921102
Christian Books & Bibles / Christian Living / Spiritual Growth
Libros Cristianos y Biblias / Vida Cristiana / Crecimiento Espiritual

Todas las citas bíblicas, a menos que se indique lo contrario, se toman de la Santa Biblia, Nueva Versión Internacional. La Santa Biblia, Nueva Versión Internacional ®, NVI ®. Copyright © 1999, 2015 by Biblica, Inc. Utilizado con permiso. Todos los derechos reservados en todo el mundo. "NVI", "Nueva Versión Internacional", "Biblica", the "Biblica Circle Device" and "International Bible Society" son marcas registradas en la Oficina de Patentes y Marcas de los Estados Unidos por Biblica, Inc.™

Todo énfasis en las citas bíblicas ha sido añadido por el autor.

Todos los sitios web mencionados en este libro son precisos en el momento de la publicación, pero pueden cambiar o dejar de existir en el futuro. La inclusión de referencias a sitios web y recursos no implica respaldo por parte del editor o del autor del contenido completo del sitio. Los grupos y organizaciones se mencionan con fines informativos, y su inclusión no implica respaldo del editor o del autor a sus actividades.

Edición: Caroline Winston
Diseño de portada: Camryn Richmond
Fotografía del autor: Breeanne Leonard
Traducción al español: Beatriz Rivera
Producción y diseño de interiores: Mandy Pallock

Este libro está compuesto tipográficamente en Charter y Avenir Next.

Impreso en los Estados Unidos de América.

CrossBridge Books, una iniciativa de alcance de
CrossBridge Community Church
PO Box 592569
San Antonio, TX 78259-2569
DiscipleMakingThreads.com

Rev. 06-2025

CONTENIDO

PARTE II: PARA PASTORES Y LÍDERES MINISTERIALES

APÉNDICE

Agradecimientos

Nunca nadie dice "gracias", a menos que haya recibido algo. Definitivamente soy un hombre que ha recibido algo, así que quiero darle las gracias a CrossBridge Community Church por ser el horno en el que se cocinó este pastel y por acompañarme durante más de 20 años mientras aprendía a ser pastor. También al equipo de trabajo que hace que "ir a trabajar" sea mucho más divertido e inspirador de lo que jamás imaginé que podría ser. Estoy agradecido con Shawn Sullivan, quien estuvo orando para que Jesús despertara mi corazón para hacer discípulos (¡lo hizo!), y con Brian Hannas por todas las conversaciones sobre cómo formamos discípulos que forman discípulos.

Estoy agradecido con los más de 200 pastores que han pasado por alguna versión de este entrenamiento de hacer discípulos a lo largo de los años y que comparten conmigo el compromiso de convertirse en iglesias que hacen discípulos.

Tengo la bendición de contar con una familia de hijas y yernos que están tan comprometidos con hacer discípulos como yo, lo que significa que casi siempre puedo encontrar a alguien con quien intercambiar ideas.

Estoy agradecido con Beatriz Rivera, una traductora amable, que oró la oración "Inclúyeme", lo cual dio como resultado esta edición en español de Threads. Gracias también a Mandy Pallock, quien usó su talento y alegría para guiarme durante todo el proceso de publicación, de principio a fin. (Con gusto hará lo mismo por ti: Productions@Pallock.com).

Y...estoy ansioso por darle las gracias a mi mejor amiga y esposa, Debbie, quien vivió la lenta evolución de este libro. Ella escuchó mientras yo lo procesaba en voz alta y fue mi motivadora principal.

Prólogo

Una de las cosas más difíciles de superar para un pastor es la obsesión con el crecimiento numérico. No me malinterpretes, el crecimiento no solo es bueno, sino esencial. En mi opinión, si algo no está creciendo, está en proceso de morir.

Al estudiar el libro de los Hechos y el auge de la iglesia, vemos un total de siete informes de progreso que indican lo rápidamente que la iglesia estaba creciendo (Hechos 2:47, 6:7, 9:31, 12:24, 16:5, 19:20, 28:30-31).

Al observar las reuniones de la primera iglesia que se reunió en las salas de estar a través de Jerusalén, vemos de inmediato que no crecieron porque se enfocaron en crecer. Más bien, crecieron porque estaban enfocados en su devoción a la enseñanza de los apóstoles, a la comunión, al partimiento del pan y a la oración (Hechos 2:42). Estaban comprometidos en desarrollar su relación con Cristo como su primera prioridad. Desde este punto de partida, estaban siendo transformados día a día desde adentro hacia afuera, como individuos y, lo más importante, como comunidad.

Esta combustión espiritual interna impulsó a los primeros creyentes a satisfacer las necesidades de las personas a su alrededor sin esperar nada a cambio. Simplemente estaban devolviendo lo que recibían de su relación personal con Cristo. Como podrías sospechar, ganaron el favor de los vecinos que, a su vez, estaban ansiosos por pertenecer a esta comunidad amorosa de seguidores de Jesús.

El párrafo termina con esta oración: "Y cada día el Señor añadía al grupo los que iban siendo salvos."

En resumen, la primera iglesia no creció al enfocarse en el crecimiento numérico, sino en el crecimiento espiritual de sus miembros. El enfoque no estaba primero en la evangelización, sino en el discipulado. A medida que los nuevos creyentes eran discipulados, la evangelización auténtica y el alcance seguían de manera orgánica.

Dios está diciendo, tú ocúpate de hacer discípulos, y yo me encargaré del crecimiento. Es difícil para el pastor moderno hacerlo, pero es la estrategia correcta. Creo que las personas en las "bancas" lo están anhelando.

Esto no es solo algo en lo que mi buen y querido amigo Kirk Freeman cree, sino que también nos ha presentado un plan efectivo para llevarnos allí. Él presenta una práctica que ha nacido de la iglesia que ha pastoreado durante los últimos veinte años. Ha sido comprobada.

Lo que Kirk ofrece está intencionalmente anclado en las Escrituras. Pero lo que Kirk presenta va mucho más allá de un buen contenido. Es más bien una experiencia que despierta a las personas al gozo de estar en una relación con Cristo. Las Experiencias Fundamentales incorporadas en el proceso de hacer discípulos son elocuentes y dadoras de vida. Nos apuntan en la dirección correcta, lo que resulta en una modalidad de florecimiento. La salsa secreta de lo que Kirk nos presenta—que ya ha ayudado a cientos de iglesias—se revela en el título: *Hilos*.

En las páginas que tienes delante, él desafiará a la iglesia a no ver el discipulado como un programa aislado, sino como una oportunidad para entrelazar el discipulado en cada aspecto de la vida de la iglesia y la familia. En verdad, este es el único enfoque que resultará eficaz a largo plazo.

Mientras leía esta maravillosa obra, me encontré sintiéndome bastante esperanzado. ¿Y si los seguidores de Jesús y las iglesias enteras tomaran en serio lo que Kirk está ofreciendo y fueran tras ello? Bueno, creo que lo que vimos en el primer siglo podría volver a suceder en el siglo XXI. ¡Amén... que así sea!

RANDY FRAZEE
Pastor y Autor

LA BELLEZA DE TEJER

Cada verano de mi infancia, mi familia pasaba parte de nuestras vacaciones de verano en Red River, Nuevo México, en las montañas al borde del Área Silvestre de Wheeler Peak. Caminatas y picnics eran nuestras actividades principales, pero a veces, en raras ocasiones, hacíamos el viaje de 45 minutos a través del desierto por la carretera 150 hasta Taos.

Taos es ahora el destino vacacional de los ricos, pero no era así cuando yo era niño. En cualquier caso, no era la pequeña ciudad lo que más me intrigaba cuando era niño, sino más bien lo que había a las afueras de Taos, un pueblo que fue y es uno de los asentamientos habitados de forma continua más antiguos de Norteamérica. Los nativos americanos todavía viven allí y conservan más de 1,000 años de tradición.

Solo recuerdo fragmentos de recuerdos de mi primera visita allí cuando tenía 7 años. La casa de adobe, los hornos cocinando pan, los bailarines vistiendo los colores vibrantes de su ropa tradicional. Y, por supuesto, la tienda de regalos donde mis padres me compraron un pequeño tambor (una compra de la que se arrepintieron por el resto de

nuestras vacaciones… hasta que se perdió…
¿o no?… Vamos, mamá, confiesa).

El recuerdo más perdurable que tengo
es del momento en que entramos a una
casa de adobe y encontramos a una mujer
tejiendo una manta en un telar. Hilos de
los colores más brillantes se entrecruzaban.
Paciente, persistente, sus manos repitiendo
los movimientos aprendidos en la infancia,
la tejedora guiaba el hilo horizontal sobre los hilos verticales—unos por
encima de otros—cada uno añadiendo una pequeña capa. Cada uno una
expresión de la imagen vista solo en la mente de la tejedora, cada uno
convirtiéndose en una parte inextricable de la intrincada tela.

En la Parte I de *Hilos,* compartiré una manera de hacer discípulos que
es bíblica, vivificante y reproducible. Se trata de aprender a disfrutar y
seguir a Jesús de manera genuina, de una forma que podamos mostrar
a otros. Se trata completamente de relaciones. Es una manera de hacer
discípulos que puede entrelazarse como hilos en cada aspecto de tu vida
y de tu iglesia.

Una parte importante de esto es lo que llamo las Experiencias
Fundamentales. Estas experiencias bíblicas son fundamentales para
todas las relaciones humanas y familias. De hecho, en el contexto de las
relaciones humanas, todos reconocemos su importancia. Sin embargo, por
alguna razón, no solemos aplicarlas a nuestra relación con Jesús y, como
consecuencia, a menudo no llegamos a disfrutar plenamente de Jesús.
Debido a esto, hacer discípulos se convierte en un ejercicio enfocado en
el contenido que es más acerca de la transferencia de información que

en una relación real. Como resultado, hacer discípulos puede no ser muy vivificante o reproducible.

Por otro lado, cuando comenzamos con las Escrituras y entrelazamos estas Experiencias Fundamentales en el tejido de nuestras vidas, empezamos a relacionarnos con Jesús como si realmente fuera real— ¡porque lo es!

Es más, simultáneamente nos capacitamos para compartir esta relación vivificante con otros. No importa dónde estemos o con quién estemos, tenemos todo lo que necesitamos para ser incluidos por Jesús mientras revela su gran amor y señorío a los demás. ¡Toda la vida se convierte en una oportunidad! Abordar la formación de discípulos de esta manera ha sido más divertido y fructífero que cualquier otra cosa que haya hecho antes.

En la Parte II, hablaré más directamente a pastores y líderes, aquellos responsables de liderar en el contexto de la iglesia.

Recuerdo la emoción que sentí cuando comencé a ver a Jesús cobrar vida para las personas a las que estaba discipulando utilizando las Experiencias Fundamentales. A medida que los pastores y líderes de nuestra iglesia comenzaron a hacer lo mismo, ellos también compartieron historias de cómo sus grupos de discipulado eran más fructíferos.

En ese momento, nuestro equipo se enfrentó a lo que ahora parece la pregunta más obvia:

¿Y SI FORMAR DISCÍPULOS FUERA UN HILO ENTRETEJIDO EN CADA CONTEXTO DE LA IGLESIA?

¿Qué pasaría si las reuniones del domingo por la mañana, el

ministerio de niños, el ministerio para padres, el ministerio de estudiantes, los grupos en casa, los grupos D (grupo de discipulado) e incluso nuestras reuniones de personal tuvieran como objetivo principal hacer discípulos?

¿QUÉ PODRÍA PASAR SI TODO LO QUE HICIÉRAMOS SE CONVIRTIERA EN FORMAR DISCÍPULOS?

En la Parte II, describiré el camino que un número creciente de iglesias está siguiendo para hacer precisamente eso. En lugar de relegar el discipulado a un curso, a un departamento ministerial o incluso a un pequeño grupo de hombres o mujeres que se reúnen para estudiar la Biblia, estas iglesias están aprovechando intencionalmente cada contexto ministerial por su potencial para hacer discípulos.

Realinear la iglesia de esta manera requiere un cambio cultural que toma tiempo y persistencia, pero el fruto en el camino te mantendrá motivado y comprometido. ¡Funciona! Y funciona porque está alineado tanto con los elementos fundamentales de las relaciones como con la estrategia de Jesús en la Gran Comisión.

Si decides comenzar tu propio camino, esto es lo que creo que descubrirás:

- Si eres un formador de discípulos, encontrarás una manera de discipular que es más vivificante y menos impulsada por el contenido y la estructura.
- Encontrarás que las personas a las que discipulas realmente disfrutan de Jesús y están ansiosas por seguirlo en la misión de hacer discípulos.

- Si eres pastor, descubrirás un enfoque ministerial en el que el yugo es fácil y la carga es ligera, tal como Jesús dijo que podía ser.[1]
- Si eres padre, encontrarás formas prácticas y poderosas de entretejer el hacer discípulos en tu familia, de manera que ayude a tus hijos a experimentar la presencia muy real de Jesús.

La mejor manera de hacer un discípulo es discipulándolo. De hecho, escribir un libro sobre los principios de experimentar y disfrutar a Jesús es un poco complicado—es mucho más fácil mostrarlo que explicarlo. Por esa razón, al final de *Hilos,* encontrarás una invitación para experimentar estos principios conmigo en un grupo de aprendizaje a corto plazo. No soy un experto, pero estoy firmemente comprometido y dispuesto a compartir.

Por ahora, comencemos a tejer...

---

1 Mateo 11:30

CAPÍTULO 1

LEO Y EL SEÑOR

"CUANDO LAS PERSONAS EXPERIMENTAN A JESÚS, TODO CAMBIA."

Leo me estaba mirando como mi perro mira a un bicho al que nunca se ha enfrentado antes. Si tienes un perro, de seguro sabes a qué mirada me refiero... es cuando inclinan la cabeza en un ángulo hacia un lado y luego la giran al lado opuesto con el mismo ángulo, mientras intentan procesar qué es ese nuevo bicho. Si pudieras leer su burbuja de pensamiento, diría: *Eres tan extraño. No tengo ni idea de qué eres.*

Así es como Leo me estaba mirando, solo que Leo no era un perro. Leo era un joven de veintitantos años, con una mochila al hombro, caminando por el parque San Pedro en el centro de San Antonio.

Unos cuantos pastores y yo habíamos ido a un parque a orar por nuestra ciudad cuando Leo nos vio. Acababa de terminar de orar y abrí los ojos para ver a Leo dándome la mirada de cabeza inclinada, como la de un perro. Cuando el evento terminó, bajé del escenario y me acerqué a Leo. Después de presentarme, tuvimos una conversación casual sobre lo que nuestro grupo estaba haciendo, lo que fácilmente nos llevó a una conversación espiritual. Le hice una pregunta sencilla que mi amigo Shawn Sullivan me había enseñado:

SI DIOS PUDIERA HACER UN MILAGRO EN TU VIDA, ¿CUÁL SERÍA Y PODRÍA ORAR POR TI?

Siempre me asombra cómo las cosas simples pueden ser tan profundas y reproducibles. La "Pregunta del Milagro" es una de ellas. Leo respondió a mi pregunta compartiendo que estaba en recuperación y a punto de comenzar Narcóticos Anónimos (NA). El milagro que él esperaba: *Quiero estar limpio.*

Le pregunté a Leo si podía orar por él en ese momento y, encogiéndose de hombros, respondió: "Sí, claro, suena bien." Le pedí brevemente al Señor que su poder y su paz vinieran sobre Leo y que le concediera la limpieza que estaba buscando.

Cuando terminé, le dije a Leo que hubo un tiempo en mi vida en el que viví con una sensación constante de no ser lo suficientemente bueno. Aunque esto era diferente de su lucha con el abuso de sustancias, yo definitivamente no podía liberarme de mi tendencia a pensar en mí mismo de una manera negativa. Como resultado, me enojaba fácilmente y luchaba contra la inseguridad. Esto continuó durante años hasta que alguien me mostró que, al seguir a Jesús y confiar en su amor y perdón, Dios me vería como aceptable, ¡como lo suficientemente bueno! Cuando escuché esto por primera vez, de alguna manera supe de inmediato que era verdad y sentí al instante cómo las cadenas del fracaso y la insuficiencia se desmoronaban.

Me tomó solo unos 15 segundos compartir esa historia con Leo, y cuando terminé, le pregunté: "¿Has experimentado algo así alguna vez?" Dijo que no, pero que había estado pensando que tal vez Dios era algo en lo que debía empezar a indagar. Inmediatamente pensé que Dios me estaba dando la oportunidad perfecta para compartir el Evangelio, pero Leo rápidamente dijo que tenía que encontrarse con alguien y que necesitaba irse.

Antes de que se fuera, le di un pequeño folleto que llevo en mi billetera y que explica las buenas nuevas de Jesús y cómo confiar en Él. Le dije a Leo que la información en ese folleto había cambiado mi vida y que realmente me gustaría que lo leyera esa noche antes de irse a dormir. Me prometió que lo haría, y le mostré que había escrito mi nombre y número en la parte de atrás por si quería hablar más. Eso fue todo. No pasó nada más—al menos nada que yo pudiera ver.

Seis semanas después, para mi total sorpresa, recibí un mensaje de voz de… así es, Leo. Esto es lo que dijo: "Acabo de empezar NA y se supone que debemos elegir un poder superior. Leí el folleto que me diste y elegí a Jesús como mi poder superior, pero no sé qué hacer ahora."

¡Tengo que admitir que me quedé en shock! Comparto folletos del evangelio con muchas personas, pero rara vez alguien me llama seis semanas después. Me quedé asombrado y no podía esperar a ver lo que Dios estaba haciendo. Rápidamente llamé a Leo. Básicamente, repitió lo que había dicho en el mensaje de voz: "He elegido a Jesús como mi poder superior, pero no sé qué hacer ahora." Le sugerí que nos reuniéramos para leer la Biblia, ya que habla mucho sobre Jesús. Con la actitud relajada que luego me daría cuenta era característica de Leo, dijo: "Sí, claro, suena bien." (Acompáñame, la historia solo se pondrá mejor).

Cuando Leo y yo intentamos programar un momento para reunirnos, nos dimos cuenta de que vivíamos en lados opuestos de la ciudad, a unos 45 minutos de distancia. Ya que la pandemia enseñó a todos cómo usar Zoom, le sugerí que lo intentáramos de esa manera, y Leo dijo (todos juntos ahora): "Sí, claro, suena bien."

Leo no tenía una Biblia, así que en nuestra primera reunión, le ayudé a descargar la aplicación de la Biblia, y usamos un método sencillo llamado *Discovery Bible Study* (DBS, por sus siglas en inglés, significa

Estudio Bíblico de Descubrimiento, en lo sucesivo EBD) para leer y hablar de la historia de Zaqueo. Para que tengas una idea del trasfondo espiritual de Leo, su familia era católica, pero él nunca había tenido una Biblia ni había oído hablar de Zaqueo. (Nota para mí: Elegir una Escritura con nombres más fáciles de pronunciar.)

En un *EBD,* después de leer el pasaje un par de veces, los participantes contestan un par de preguntas básicas:

1. ¿Qué verdad te revela este pasaje acerca de Dios, su naturaleza, sus prioridades, etc.?
2. ¿Qué verdad te revela este pasaje acerca de la gente, su naturaleza, sus prioridades, etc.?

Cualquiera puede unirse y participar en un EBD, sin importar su trasfondo o contexto espiritual, y Leo se involucró por completo en nuestra conversación. Sin saber nada previamente sobre Jesús, Leo compartió algunas verdades poderosas sobre Él a partir de lo que leyó:

"Jesús presta atención a las personas."
"Jesús sabe los nombres de las personas."
"Jesús no es tan crítico como la gente."
"Jesús se toma tiempo para la gente."

Nuestra conversación (o estudio bíblico) duró 15 minutos, después de lo cual le dije a Leo otra verdad sobre Dios: Él ama hablarles a aquellos que están dispuestos a escuchar.

Le pregunté a Leo si le gustaría intentar escuchar al Señor. Su respuesta... ya sabes cuál fue: "Sí, claro, suena bien." Tomó un bolígrafo y una hoja de papel, y le pedí que escribiera esto en la tarjeta:

"LEO, QUIERO QUE SEPAS..."

Después de que ambos hicimos esto con nuestros respectivos nombres, le dije a Leo que iba a orar, pidiéndole a Jesús que nos hablara, y luego íbamos a quedarnos en silencio y esperar durante aproximadamente un minuto. Íbamos a dejar que Jesús completara la oración por nosotros y escribiríamos lo que viniera a nuestra mente.

Voy a pausar la historia por un momento. En este punto, no creo que Leo ya fuera un seguidor de Jesús. Usando el lenguaje de la iglesia, Leo aún no era "salvo." Ciertamente no tenía conocimiento bíblico más allá de lo que acababa de leer sobre Zaqueo. No sabía mucho sobre la cruz, nada acerca de la resurrección, y estoy seguro de que nunca había oído hablar de la oración del pecador.

Curiosamente, la mayoría de las personas en el primer siglo que se reunían para escuchar a Jesús también sabían muy poco. Jesús les habló a esas personas en aquel entonces, y pensé que también le hablaría a Leo. Y no me equivoqué... ahora volvamos a la historia.

Después de un minuto, le pregunté a Leo lo que había escuchado y cómo completaría la oración. Esto fue lo que me leyó:

Leo, quiero que sepas que me alegra mucho que quieras saber más sobre mí. He estado esperando esto por mucho tiempo. Si sigues leyendo la Biblia, me conocerás más.

Jesús le dijo a Leo prácticamente lo mismo que les dijo a las multitudes en tiempos bíblicos: "Ven a mí. Sígueme." Honestamente, esto es lo que les está diciendo a todos los que aún no lo conocen.

Después de que Leo me leyó lo que había oído, levantó la vista con los ojos bien abiertos y preguntó: "¿Es realmente Jesús hablando?" En lugar de compartir con Leo el profundo pozo de sabiduría que había adquirido a lo largo de los años (por favor, haz un gesto de incredulidad aquí), lo dirigí directamente de nuevo a la narrativa de Lucas 19 que acabábamos de leer.

Le pregunté a Leo: "¿Lo que escuchaste se parece en algo a lo que Jesús le dijo a Zaqueo?" Leo miró nuevamente su aplicación de la Biblia por un segundo, luego me miró de nuevo con una gran sonrisa y dijo: "¡Sí! Lo que Jesús me dijo es como lo que le dijo a Zaqueo—supongo que sí escuché a Jesús—¡genial!"

Leo acababa de escuchar al Señor y el Señor le había hablado de una manera que era:

- Consistente con las Escrituras
- Consistente con el carácter de Dios
- Positiva y no condenatoria

Fue un gozo para mí decirle a Leo que su experiencia no era rara—Jesús ama hablarle a aquellos que se detienen a escuchar de manera genuina. Luego le dije que cuando Jesús habla, por lo general quiere una respuesta de nuestra parte,[2] así que le pedí a Leo que escribiera lo que yo llamo una declaración de "Voy a..." para expresar lo que él hará esta semana en respuesta a lo que Jesús había dicho.

Cuando las personas experimentan a Jesús, todo cambia.

Leo tardó unos 10 segundos en escribir su declaración de "Voy a..." y luego, con la expresión de un hombre que

---

2 Juan 14:23 Le contestó Jesús, "El que me ama obedecerá mi palabra y mi Padre lo amará; vendremos a él y haremos nuestra morada en él."

había encontrado un mapa del tesoro, me compartió su compromiso: "Voy a leer mi Biblia todos los días esta semana."

Leo, que aún estaba luchando contra las drogas, casi no tenía un trasfondo espiritual significativo, nunca en su vida había estudiado la Biblia ni mucho menos había pensado que Jesús le hablara, acababa de comprometerse a leer su Biblia todos los días (y a escuchar al Señor, podría añadir).

Ese día, si solo hubiéramos hablado sobre Zaqueo sin escuchar al Señor, ¿crees que Leo habría hecho un compromiso no solicitado de leer su Biblia todos los días? Si le hubiera dicho a Leo que su "tarea" era leer la Biblia todos los días, ¿crees que lo habría hecho? Ni en sueños. Pero cuando Jesús le habló—bueno, eso es algo completamente diferente.

Cuando las personas experimentan a Jesús, todo cambia. Cuando tú eres incluido en eso, ¡ese día se convierte en el mejor día de tu semana!

CAPÍTULO 2

LA BODA

"EN UNA BODA, LO ÚNICO QUE REALMENTE IMPORTA ES QUE LA NOVIA LLEGUE HASTA EL NOVIO."

Nunca había gastado tanto dinero y, sin embargo, tenía tan poco control. Era la boda de mi hija. Durante años, mi esposa y yo habíamos anticipado este día, tanto en nuestras oraciones por el futuro esposo de nuestra hija como en nuestro esfuerzo por ahorrar un poco de dinero cada mes para el día en que celebraríamos y consagraríamos su unión. Ahora, después de 25 años, finalmente estaba aquí.

Tengo que admitir que me siento más cómodo cuando estoy a cargo. Muchas personas son así. Pero en la jerarquía de la planificación de bodas, ni siquiera estaba en el organigrama. A pesar de haber sido responsable de generar la mayor parte de las finanzas que hicieron posible la comida, el lugar, el vestido, las invitaciones, el estilista (y unas cien cosas más), se entendía que en este proyecto yo era un socio silencioso. Mi esposa Debbie y mi hija eran las que conducían el autobús; yo iba de acompañante. Al inicio, había resistido este papel minoritario, pero después de participar en una discusión sobre paletas de colores y 15 tonos diferentes de rosa, me volví eternamente agradecido de no estar incluido en los detalles de la planificación de la boda. Solo dime cuándo ponerme el esmoquin, y allí estaré.

Finalmente, había llegado el momento de ponerme el esmoquin. Mi hija y yo estábamos afuera de la capilla de adobe en la zona montañosa de Texas, frente a dos hermosas puertas de madera tallada a mano, anticipando con ansias el crescendo de la música cuando las puertas se abrieran y, con todos los ojos puestos en ella, comenzara su caminata por el pasillo hacia su novio. Cuando llegó el momento y las puertas se abrieron, conté tres segundos (un Mississippi, dos Mississippi...) y juntos comenzamos a caminar—lentamente y con elegancia, como me habían indicado—por el pasillo. Sonrisas y fotos nos recibieron a ambos lados y, mientras caminábamos, robé una mirada a mi hija. Subconscientemente, creo que esperaba que ella me mirara, compartiendo la emoción del momento conmigo, pero no podría haber estado más equivocado. Ella nunca me miró. Sus ojos estaban fijos en su novio. Radiante y hermosa, paso a paso, como si fuera magnética e irresistiblemente atraída, fue hacia él.

En una boda, lo único que realmente importa es que la novia llegue hasta el novio.

Fue en ese instante cuando me di cuenta de que nada más importaba. Toda la planificación, todas las catas, todos los recorridos de los lugares, y todo lo demás que entra en la preparación de una boda en nuestra cultura—nada de eso importa si, cuando se abren las grandes puertas de madera, la novia no llega hasta el final del pasillo hacia el novio. En realidad, si la novia no llega al novio, todo lo que tienes es una catástrofe increíblemente costosa (y un montón de pequeños sándwiches sin corteza). En una boda, no se trata de la relación de la novia con ninguno de los invitados, ni siquiera con la persona especial que la lleva hacia su amado. En una boda, lo único que realmente importa es que la novia llegue hasta el novio.

Así es con la formación de discípulos. Esto es lo que Juan el Bautista quiso decir cuando les dijo a sus seguidores en Juan 3:29-30: "El que se casa con la novia es el novio. Y el amigo del novio, que está a su lado y lo escucha, se llena de alegría cuando oye la voz del novio. Esa es la alegría que me inunda. A él le toca crecer y a mí, menguar."

CAPÍTULO 3

UNA DEFINICIÓN DE HACER DISCÍPULOS

"DISFRUTAR Y SEGUIR A JESÚS JUNTOS DE UNA MANERA QUE PODAMOS COMPARTIR CON OTROS."

Hubo un tiempo en mi vida en el que usaba el término "hacer discípulos" o "discipulado" de una manera muy limitada. Se refería principalmente a un grupo de 3 o 4 hombres o mujeres que estudiaban la Biblia juntos, oraban unos por otros y se hacían responsables mutuamente de diversas maneras. Además, podría haber usado el término discipulado para referirme a cualquier cantidad de clases temáticas con enfoque espiritual.

Todavía considero esos contextos como parte de hacer discípulos, pero ahora uso el término de manera más amplia para describir:

- Toda la misión de mi vida.
- Toda la misión de la crianza.
- Toda la misión de la iglesia local y todos sus ministerios.

En cuanto a una definición específica de hacer discípulos, nuestro equipo diría:

Formar discípulos es aprender a disfrutar y seguir a Jesús juntos de una manera que podamos mostrar a otros cómo disfrutar y seguirlo también.[3]

Usamos este lenguaje porque lleva el aroma de la relación, la fragancia de una boda. Mi propio matrimonio con mi esposa, Debbie, ha crecido en paralelo con esta definición de maneras importantes. Durante más de 30 años, hemos disfrutado aprender a vivir la vida juntos mientras aprendemos a seguir a Jesús juntos, y lo hemos hecho en presencia de nuestras tres hijas, cuyas ideas sobre el matrimonio (tanto en nuestros días buenos como en los malos) se formaron a partir de nuestro ejemplo. Formar discípulos se trata de disfrutar y seguir a Jesús juntos porque el matrimonio también se trata de estas cosas. El gozo y la conexión que Jesús desea compartir con su novia (la iglesia) sólo pueden darse cuando la novia realmente experimenta a su novio en una relación que da vida.

Formar discípulos, por supuesto, implica estudiar y aprender, ir y hacer, pero no en su raíz. La raíz siempre es "disfrutar y seguir a Jesús". Creo que esto puede haber sido lo que Jesús quiso decir cuando nos exhortó a permanecer en él en Juan 15.

En el importante libro de Jim Wilder y Michel Hendrick, *The Other Half of Church*, comparten cómo Dios diseñó nuestros cerebros para procesar la realidad utilizando dos hemisferios y cómo este diseño impacta nuestro crecimiento espiritual. Una de sus afirmaciones más reveladoras es la siguiente:

---

3 No es imperativo que adoptes mi definición de hacer discípulos. Lo que es de vital importancia es que tu definición enfatice la naturaleza personal de la relación que Jesús ofrece y la importancia de la obediencia.

El discipulado orientado al hemisferio izquierdo enfatiza las creencias, la doctrina, la fuerza de voluntad y las estrategias, pero descuida los vínculos afectivos del hemisferio derecho, el gozo, el desarrollo emocional y la identidad.[4]

Mucho del discipulado en el mundo occidental enfatiza el hemisferio izquierdo, pero descuida el hemisferio derecho. El inconveniente de este enfoque es que Dios diseñó nuestros cerebros de tal manera que procesamos nuestra realidad primero y más rápidamente a través de nuestro hemisferio derecho, como dicen Wilder y Hendricks:

...a menudo sabemos las cosas más rápido de lo que somos conscientes de ellas y definitivamente más rápido de lo que podemos hablar de ellas.[5]

Aunque el cerebro es mucho más complejo que esta breve descripción, apuesto a que ya estás viendo la aplicación para hacer discípulos. También supongo que la mayoría de tu experiencia en hacer discípulos ha priorizado la información, la doctrina y el cambio de comportamiento basado en la fuerza de voluntad. Este es un enfoque más del hemisferio izquierdo.

Imagina cómo podría ser el hacer discípulos si incluyéramos tanto el cerebro izquierdo como el derecho, o como dicen Wilder y Hendricks, "todo el cerebro". ¿Y si, en vez de centrarnos en decir, nos enfocáramos en mostrar y experimentar? ¿Y si el hacer discípulos comenzara con realmente aprender a disfrutar a Jesús—sentir su presencia, escuchar su

---

4 Wilder, J., y Hendricks, W., (2020). *The Other Half of Church*. Chicago: Moody Publishers, 25.
5 Ibid. 21.

voz espiritual, conocer su consuelo?

Este es en realidad el modelo bíblico reflejado en casi todas las epístolas de Pablo. A continuación, se presentan sólo algunas de las formas en que él enfatiza la importancia de experimentar y de conectarnos con Jesús:

EFESIOS 1:17

Pido que el Dios de nuestro Señor Jesucristo, el Padre glorioso, les dé el Espíritu de sabiduría y de revelación, para que lo conozcan mejor.

EFESIOS 1:18-19

Pido también que les sean iluminados los ojos del corazón para que sepan a qué esperanza él los ha llamado, cuál es la riqueza de su gloriosa herencia entre pueblo santo, y cuán incomparable es la grandeza de su poder a favor de los que creemos.

COLOSENSES 1:9

Pedimos que Dios les haga conocer plenamente su voluntad con toda sabiduría y comprensión espiritual.

Cuando nos perdemos de esto, siempre terminamos en un lugar en el que Jesús nunca quiso que estuviéramos. A veces caemos en la religiosidad, esforzándonos por hacer el bien o aprender más. Aunque creemos, en un nivel, que somos salvados por gracia, en otro nivel estamos haciendo todo lo posible por probar nuestro valor. Podemos volvernos condescendientes y juzgadores con los demás e incluso más duros con nosotros mismos.

Esta es una de las razones por las que disfrutar de Jesús es un buen filtro a través del cual ver nuestras vidas. Sé honesto y hazte esta pregunta: ¿Disfruto de Jesús? ¿Me siento cerca de él, me gusta estar con él, me divierto con él? ¿Es raro para ti pensar, "¡A Jesús realmente le gusto!"? No debería serlo, porque en realidad lo haces.

UNA IDENTIDAD NUEVA

Cuando un novio y una novia se unen en una boda, la novia sale con un nuevo nombre. Como evidencia de su unidad, el novio comparte su nombre con la novia. Ella literalmente tiene una identidad nueva (con una licencia de conducir nueva para probarlo).

Jesús nos ha dado una identidad nueva. Anteriormente éramos enemigos de Dios—ese era en realidad nuestro nombre. Nuestras mentes estaban orientadas hacia la rebelión contra él, como lo evidencian nuestras acciones y decisiones pecaminosas.[6] Ahora, en Cristo, tenemos una identidad nueva: somos hijos amados, santos, sin mancha e irreprochables.[7] Juntos fuimos enemigos de Dios y ahora somos llamados la Novia de Cristo. ¡Qué cambio de identidad!

Jesús usa las dos relaciones humanas más íntimas para describir cómo se siente acerca de nosotros y el tipo de relación que desea compartir con nosotros. ¡Es asombroso!

No hay una relación amorosa que tengamos que no despierte nuestras emociones y sentimientos.

Aunque los sentimientos no prevalecen sobre la fe, no hay una relación amorosa que tengamos que no despierte nuestras emociones y sentimientos. En un matrimonio, los cónyuges deben sentirse apreciados la mayor parte del tiempo. Si no lo hacen, algo está mal. De la misma manera, los hijos deben sentirse seguros del amor de sus padres.

Ser un discípulo se trata de aprender a vivir en esta identidad

---

6 Colosenses 1:21
7 Colosenses 1:22

nueva, disfrutando y siguiendo a Jesús. Formar discípulos ocurre cuando ayudamos a otros a aprender a disfrutar y seguirlo también.

Debido a que nuestra nueva identidad es el precioso regalo de Jesús, nuestro enemigo espiritual usará todos los medios posibles para oscurecer esta preciosa y poderosa realidad. Si el enemigo puede socavar la verdad de nuestra identidad dada por Dios en nuestras mentes, nos relacionaremos con Jesús como un criminal con un oficial de policía, o una estudiante con su tarea, o un vendedor con su jefe, o de millones de otras maneras distorsionadas, pero no disfrutaremos de Jesús. Si no lo disfrutamos, no lo seguiremos.

Cuando experimentar a Jesús se convierte en una parte central de hacer discípulos, el padrino (el hacedor de discípulos) crea un pasillo (una oportunidad) para que la novia (el discípulo) experimente al novio (Jesús). Cuando esto sucede, el mismo Jesús afirma el nuevo nombre y la identidad nueva que les ha dado.

YENDO HACIA LO PRÁCTICO

Estoy a punto de describir lo que nuestro equipo cree que son los Tres Valores de un hacedor de discípulos.

Luego, describiré las Experiencias Fundamentales con Jesús que sirven como el fundamento para una relación de disfrutar y seguirlo.

Por último, compartiré cómo tejemos estos Valores y Experiencias en cada aspecto de nuestras vidas y de nuestra iglesia.

En este libro, es posible que encuentres menos pasos o métodos concretos de los que esperabas. Compartiré algunos, pero no muchos. La razón es que los métodos siempre cambian, pero los Valores y Experiencias no. Si internalizas los Valores y Experiencias, descubrirás maneras creativas y efectivas de tejerlos como hilos en tu propia vida y en el tejido de tu iglesia.

CAPÍTULO 4

TRES VALORES DE UNA CULTURA DE HACER DISCÍPULOS

"LOS MÉTODOS CAMBIARÁN POR NECESIDAD CON EL TIEMPO. LOS VALORES NUNCA LO HARÁN."

"Ugh, eso fue miserable." Eso fue lo que le dije a Debbie una noche mientras salíamos de nuestro grupo de vida (Lifegroup). (Puedes pensar en esto como un grupo en casa, grupo celular, iglesia en casa, etc.) Debbie y yo queremos a esta gente, y ellos nos quieren a nosotros, pero, en serio, últimamente nuestro grupo de vida había comenzado a sentirse más como un grupo de muerte.

Definitivamente algo faltaba. Las personas regulares venían regularmente, lo que anteriormente era una métrica que usaba para medir el éxito, pero el problema era más profundo y serio que eso. Esto es algo de lo que estaba viendo:

- La profundidad de vulnerabilidad era baja.
- Si Debbie y yo teníamos que faltar, el grupo de vida generalmente abandonaba nuestras prácticas normales y se convertía en una noche de "compañerismo" solo para comer/ hablar. (No es algo malo, pero era cada vez que faltaba al grupo de vida.)

- Aunque las personas eran amables con un invitado que de alguna manera llegaba a nuestro grupo, nadie estaba buscando activamente invitar o compartir nuestro grupo de vida con otros. (¡Tal vez pensaban que también era un grupo de muerte!)
- Era difícil formar líderes nuevos.
- Multiplicar el grupo de vida era casi imposible.

Podría continuar con esta lista, ¡pero apuesto a que ya te puedes relacionar! Estaba angustiado. Soy el pastor principal de la iglesia, y el grupo de vida que estoy liderando se está convirtiendo en un grupo de muerte—¡vaya, no es una buena situación! Lo que empeoraba las cosas era que llevaba ocho años entrenando a personas en nuestra iglesia para liderar grupos de vida. ¡Me estremecía pensar en lo que estaba sucediendo en esos otros grupos! ¡Señor, ayúdame! *No, literalmente, Jesús, ¡en serio tienes que ayudarme!*

En respuesta a mi sincera súplica de ayuda, el Espíritu Santo reveló fielmente la respuesta para transformar los grupos de muerte de nuevo en grupos de vida. Más que eso, nos mostró que la misma respuesta transformaría nuestros esfuerzos de hacer discípulos en nuestros grupos de discipulado de hombres y mujeres (así como en nuestras reuniones de los domingos por la mañana, y en nuestros ministerios de niños y jóvenes). La respuesta no era adoptar un nuevo formato o metodología. En cambio, era adoptar los valores bíblicos esenciales para hacer discípulos que hagan discípulos.

Nuestro equipo necesitaba reevaluar nuestros valores. A través de más reuniones y discusiones de las que me gustaría recordar, dejamos atrás nuestros valores existentes y abrazamos tres valores fundamentales más que tuvieron un impacto profundo en todo lo que hacíamos. Descubrimos que casi cada problema que enfrentábamos estaba enraizado en nuestra negligencia de estos tres. Descubrimos que cada solución que necesitábamos también estaba vinculada a estos tres valores.

VALOR 1: ESTAMOS CENTRADOS EN JESÚS

Imagina esta escena: eres un invitado en una boda, todos han tomado asiento, el novio está de pie al frente flanqueado por el cortejo nupcial, con hermosas damas de honor (con ramos preciosos) y apuestos padrinos (cada uno con su mano derecha sobre la izquierda). Las flores, los colores, la iluminación y la música son perfectos. Luego, en el momento justo, las grandes puertas que ocultan a la novia se abren de par en par, y la madre de la novia se pone de pie, seguida por todos los asistentes. La novia, con la mirada fija en su novio, que tiene los ojos empañados de emoción, avanza por el pasillo cuando, para asombro de todos, uno de los padrinos abandona el lado del novio, salta al centro del pasillo y comienza, con entusiasmo, a contarle a la novia todas las maravillosas cualidades del novio. En lugar de ayudar a

Ese padrino en el pasillo... ese era yo.

crear y resguardar el pasillo, como uno de los compañeros de confianza del novio, este padrino se interpone entre la novia y el novio, en un esfuerzo completamente innecesario por convencerla de que debe ir hacia él. Ese padrino en el pasillo... ese era yo.

En ninguna boda, en ninguna época ni cultura, el novio necesita ayuda para atraer a la novia hacia él. Con una vista despejada de su novio, ella irá hacia él sin dudarlo. Nuestro novio, Jesús, ciertamente no necesita mi ayuda. Él es infinitamente más cautivador que yo. La novia solo necesita verlo claramente... si tan solo me hiciera a un lado. Aunque esto es tan obvio, había una desconexión en mi mente cuando se trataba del ministerio y hacer discípulos.

Por ejemplo, en nuestro grupo de vida, yo hablaba más que nadie, Debbie y yo éramos los anfitriones la mayoría de las veces, yo tocaba la guitarra durante la adoración y, cuando llegaba el momento de la "discusión bíblica", me costaba resistir la tentación de compartir mi sabiduría y ser la voz dominante. (Por cierto, este no es solo un problema de los pastores principales). El grupo de vida estaba centrado en mí en lugar de estar centrado en Jesús. No es de extrañar que a veces se sintiera como un grupo de muerte. Jesús es el Camino, la Verdad y la Vida, ¡no yo!

Experimenté el mismo problema en mi grupo de discipulado (D-group) de tres o cuatro hombres. A menudo, gran parte de nuestro tiempo se dedicaba a mis explicaciones. Podía estar elaborando sobre un pasaje de las Escrituras, explicando una implicación teológica más profunda, corrigiendo una idea errónea o simplemente compartiendo un poco de la sabiduría que había adquirido tras años de caminar con Jesús, mucho más que los hombres a los que estaba discipulando. Lo complicado de esto es que, en general, nada de lo que decía estaba mal. Todo era correcto, bueno e incluso sabio. Además, me gustaba hacerlo, y los demás generalmente apreciaban la perspectiva que compartía. No había nada de malo, ¿verdad? Excepto que... seguía interponiéndome en el camino de nuestra experiencia con Jesús.

Seamos honestos: no hay forma de que nuestras palabras humanas de sabiduría o experiencia puedan describir adecuadamente o tocar el lugar más profundo del corazón de otra persona como lo puede hacer Jesús y como él desea hacerlo. A él le encanta incluirnos en este proceso, pero, en última instancia, la novia solo necesita una visión clara del novio para ser atraída por la promesa de amor en su mirada..

¿Qué pasaría si ese fuera nuestro objetivo en cada contexto de hacer discípulos: dejar que la novia se encuentre con el novio? ¡Cuánto

¿Qué pasaría si ese fuera nuestro objetivo en cada contexto de hacer discípulos: dejar que la novia se encuentre con el novio?

más fácil sería el ministerio, hacer discípulos e incluso la crianza de los hijos si nuestro objetivo fuera darles a aquellos a quienes discipulamos (especialmente a nuestros hijos) una visión de Jesús!

Casi todos los cristianos ya creen que esto es posible. Por eso decimos tan comúnmente que Dios está invitando a las personas a tener "una relación personal con Jesucristo". Sabemos que la esperanza a la que Jesús nos ha llamado es una relación íntima, profunda, eterna y personal con él… y, sin embargo, con frecuencia tratamos a Jesús de manera completamente impersonal. Lo tratamos como un tema que hay que dominar. Nos enfocamos en cubrir contenido, como si la adquisición de información fuera sinónimo de intimidad. Pero simplemente no lo es.

En las Escrituras, Dios describe la relación que desea con nosotros en términos de un novio y su novia, y en otros lugares, en términos de un padre y su hijo. Al hacerlo, nos da un marco de referencia para comprender lo que podemos esperar de él y lo que él espera de nosotros. Como estas son las dos relaciones humanas más importantes, todas las personas del planeta probablemente saben más sobre lo que Dios quiere de ellas de lo que inicialmente piensan. Incluso si no estamos casados, sabemos que la fidelidad, la vulnerabilidad, la intimidad, el disfrute y el compromiso son parte de un matrimonio saludable. Incluso si nuestra relación con nuestros padres humanos fue horrible, sabemos, de manera inherente, que la protección, el amor, la provisión, la esperanza, la corrección, el ánimo y la ternura son atributos de un buen padre.

¿Por qué crees que es así? ¿Por qué crees que todos sabemos estas cosas y más sobre estos dos tipos de relaciones, incluso si no tenemos experiencia personal con ellas en el ámbito humano? La respuesta es simple: fuimos creados para experimentar este tipo de relación personal con Dios. Él nos diseñó para una relación con él, una relación personal, íntima y tierna con él.

> **En la formación de discípulos centrada en Jesús, el discipulador toma su lugar a un lado del pasillo para que la novia pueda ver al novio.**

Cuando la formación de discípulos está centrada en Jesús, damos a la otra persona (nuevamente, en especial a nuestros hijos) la oportunidad de experimentar realmente este tipo de relación personal con Dios a través de la Palabra de Dios y el Espíritu de Dios. Independientemente del método específico de discipulado, cuando está centrado en Jesús, tomamos nuestro lugar correcto en el cortejo nupcial, al lado del novio, donde podemos ver cómo él hace lo que solo él puede hacer: cautivar a su novia. Cuando lo hace, todo cambia.

Este principio es tan importante que uno de nuestros tres valores fundamentales es:

Estamos centrados en Jesús.

VALOR 2: TENEMOS UN LLAMADO AL REINO

Una de las formas más frustrantes y deprimentes de vivir esta vida es vivir según lo que yo llamo las seis "P" de este mundo:

1. Placer

2. Poder

3. Popularidad

4. Provecho

5. Posesiones

6. Prevención de dolor

Sin duda, la mayoría de las personas viven de esta manera, y el estado del mundo revela la futilidad de ello.

Por el contrario, Jesús nos está llamando a vivir para su Reino, un llamado mucho más alto y mucho más grande que las seis "P" que el mundo persigue. Jesús quiere incluirnos en lo que Él está haciendo en el mundo. "¡Ven conmigo!" fue su llamado a Pedro, a Leo, y sigue siendo su llamado a cada persona en el planeta. Cuando le decimos "¡Sí!" a Él, tenemos el privilegio de unirnos a su misión de expandir su Reino, donde encontramos la vida abundante que nos promete.

A menudo nos referimos a los esfuerzos dirigidos a invitar a las personas al Reino de Jesús como "evangelismo", y usamos el término "discipulado" para expresar nuestros esfuerzos por expandir el Reino dentro de cada uno de nosotros. Aunque no pretendo desechar esos términos, no parecen captar la asombrosa realidad que están destinados a describir: Jesús nos quiere incluir en todo lo que Él hace—¡en todo!

Jesús nos quiere incluir en todo lo que Él hace–¡en todo!

Volvamos una vez más a la metáfora del matrimonio que Dios nos da… La propuesta de matrimonio que tradicionalmente hace el novio es una invitación a compartir toda su vida—en la riqueza o en la pobreza, en la salud o en la enfermedad—con su amada esposa. Cuando un hombre se arrodilla, le declara su amor a una mujer y le entrega un anillo de compromiso, le está proponiendo compartir juntos todo el resto de sus vidas—¡así también lo hace Jesús! Su muerte y resurrección representan el O.G. de las propuestas de matrimonio.[8] Todas las propuestas de matrimonio humanas son simplemente un reflejo de su maravillosa y emocionante oferta de incluirnos en todo lo que Él hace— ¡para siempre!

Por mucho tiempo, traté lo que comúnmente se conoce como discipulado y evangelismo como etapas consecutivas de madurez. Mi pensamiento predeterminado era el siguiente: el discipulado consistía en aprender más sobre Dios. Después de que supieras suficiente información o hechos acerca de Dios, podías avanzar al evangelismo, donde confrontabas a otras personas con esa información.

Esas dos últimas oraciones suenan como el tipo de vida menos emocionante que puedo imaginar. Jesús murió y resucitó para que tengamos una relación personal con él, ¡lo que significa que quiere que vivamos la vida con él! No nos está enviando a un internado para aprender sobre él, otorgándonos un certificado de finalización y luego enviándonos como reclutadores para que otros vayan al mismo internado. Quiere que aprendamos sobre él, que disfrutemos seguirlo y ¡que nos enamoremos más profundamente de él al incluirnos en todo lo que hace!

Dios está tan emocionado de incluirnos que usa otra metáfora para describir la alegría y la importancia de lo que quiere compartir con nosotros. Nos llama embajadores. Piensa en una persona que podría ser nombrada embajadora internacional hoy en día. Suelen ser altamente competentes, aman la cultura a la que han sido enviados y, por lo

---

8 Para aquellos mayores de 40 años, O.G. es una abreviatura de Original Gangsta, una expresión en jerga que se refiere a la primera y original versión de algo en particular.

general, son amigos de confianza del presidente que los elige. Cuando alguien es invitado a ser embajador, el presidente básicamente está diciendo: "De todas las personas que conozco, confío en ti para que me representes ante esta gente". ¡Eso es exactamente lo que Jesús te está diciendo! Eres su amigo de confianza, su confidente y la persona que ha elegido para representar su amor a los demás, especialmente a aquellos en tu *oikos.*[9]

Este es el llamado del Reino que Jesús da a cada uno de sus seguidores. Una de las mentiras más escandalosas de nuestro enemigo espiritual es que este llamado al Reino es algo que "tenemos" que hacer. No lo es, ¡es algo que "podemos" hacer!

Las personas siempre han sentido el deseo de compartir sus cosas favoritas con aquellos a quienes aman. Eso lo heredamos de Jesús. Él quiere compartir con nosotros lo que más le entusiasma, y ¿qué está hasta arriba de esa lista? Que más personas se encuentren cara a cara con su amor por ellas.

Mis mayores errores al hacer discípulos han ocurrido por no conectar a las personas con su llamado al Reino lo suficientemente pronto. De una manera simplificada, podríamos dividir la formación de discípulos en dos segmentos: crecer interiormente y salir exteriormente. Mi error fue discipular a las personas en estos segmentos de manera consecutiva en lugar de hacerlo simultáneamente. En lugar de involucrarlos en el llamado del Reino desde el primer día, me enfocaba en que profundizaran interiormente hasta que sintiera que "sabían lo suficiente" para salir a compartir las buenas nuevas de Jesús con su *oikos* y más allá. La gran debilidad de este enfoque es que nunca fui bueno para discernir

---

9 Oikos es una palabra griega utilizada en el Nuevo Testamento para referirse a "hogar" o "familia". En aquella época, los hogares generalmente incluían un grupo de personas más amplio que en la actualidad. Uso oikos para referirme a la esfera de influencia de una persona: las personas con las que vive, trabaja e interactúa regularmente.

cuándo una persona había alcanzado el punto de "saber suficiente". De hecho, casi nunca sabían lo suficiente, por lo que la formación de discípulos parecía una búsqueda interminable de crecimiento interior.

Hace años, después de discipular semanalmente a un par de hombres de manera constante, me di cuenta, para mi consternación, de que después de doce meses juntos, no estaban más cerca de convertirse en formadores de discípulos de lo que estaban al comenzar. Para empeorar las cosas, la idea de convertirse en formadores de discípulos probablemente ni siquiera había cruzado por sus mentes. ¿De quién crees que fue la culpa? (Para citar a Scooby Doo: "¡Ruh-roh!").[10]

Una vez más, la metáfora de la boda realmente me ha ayudado aquí. Ponte las "gafas de boda" y observa mi antigua manera de hacer discípulos a través del lente de la relación personal entre un novio y una novia. Imagina que un novio le dice a su novia: "En seis meses, después de haber visto que maduras como esposa y sepas más sobre el matrimonio, planeo compartir contigo algo que es realmente importante para mí." O imagina que un novio dijera: "Divido mi vida en compartimentos y no quiero compartir ciertas partes contigo en este momento." Eso, amigos míos, sería una L-O-C-U-R-A. (Chicos, este no es un libro sobre matrimonio, pero pueden considerar esto un consejo gratuito. No lo hagan).

¡Tienes un llamado al Reino porque Jesús quiere incluirte en todo lo que está haciendo en el mundo!

No tenía la intención de discipular de esta manera, pero es casi inevitable a menos que el discípulo entienda el panorama general desde

---

10 Hanna-Barbera. Caricaturas del sábado por la mañana. 1976 (hasta las notas a pie de página pueden ser graciosas).

el principio: ¡Tienes un llamado al Reino porque Jesús quiere incluirte en todo lo que está haciendo en el mundo!

Esta es una de las razones clave por las que mi Grupo de Vida se sentía más como un "Grupo de Muerte": no estaba conectando a las personas con algunas de las experiencias más emocionantes que Jesús tenía para ellas.

Con el valor central del llamado al Reino establecido, la evangelización deja de ser simplemente un tema espiritual entre muchos otros. En cambio, a través del llamado al Reino, un discípulo es introducido literalmente a todo un nuevo mundo de experiencias con Jesús que son satisfactorias, motivadoras y dignas de compartir. Este principio es tan fundamental para una cultura de hacer discípulos que se convirtió en el segundo de nuestros valores fundamentales:

Tenemos un llamado al Reino.

VALOR 3: DEJAMOS HUELLAS PARA QUE OTROS LAS SIGAN

A veces, cuando me reunía con los chicos para nuestro tiempo de grupo de discipulado, no tenía un plan. Si lo tenía, era este: escogeremos un pasaje de las Escrituras, lo discutiremos y, en algún momento, yo entraré en "modo enseñanza" y los chicos del grupo entrarán en "modo escuchar/dormir" hasta que se nos acabe el tiempo, tengamos que cerrar con una oración y salir corriendo al trabajo. Suena edificante, ¿verdad? (Bostezo). Estoy exagerando un poco, pero no del todo. Otras veces, usaba un estudio bíblico preparado de un libro u otra fuente. Aunque esto podría sonar como la solución perfecta, sigue siendo un poco como tener a un padrino de boda parado en el pasillo entre la novia y Jesús.

Si quiero hacer discípulos que realmente puedan y quieran ir y

Hacer discípulos de manera reproducible: hacer todo de una manera tal que alguien con dones diferentes o incluso menores lo pueda hacer por sí mismo.

hacer discípulos de otros, entonces debo hacer todo de una manera reproducible. Defino reproducible así: hacer todo de una manera que alguien con dones diferentes o incluso menores pueda hacerlo por sí mismo.

Antes de entender esto, discipulaba de manera intuitiva, confiando en mis años de experiencia con Jesús, mi conocimiento previo de la Biblia y cualquier don de enseñanza que tuviera. En términos generales, la mayoría de las personas a las que discipulé dirían que crecieron espiritualmente durante esa etapa, pero rara vez, si es que alguna vez, lograron discipular a otros. No estaba dejando huellas detrás para que las siguieran. No les había mostrado ni entrenado en cómo hacer con otros lo que yo había hecho con ellos.

¿El problema? La intuición no es reproducible. La intuición no es escalable—no deja huellas para que otros las sigan. Seré el primero en admitir que discipular por intuición tiene su atractivo—la mayoría de las personas a las que discipulé de esta manera lo disfrutaron. En efecto, estaban contentos con aprender del padrino de boda que saltó al pasillo. Tristemente, muchos cristianos se conforman con esto porque es lo único que conocen. Nos conformamos con mirar, escuchar y seguir a un padrino o dama de honor que experimenta personalmente al Novio, pero nos quedamos cortos de experimentar la plenitud de lo que Jesús tiene para nosotros—experimentarlo personalmente. Si lo analizamos bien, muchos de los enfoques modernos de hacer discípulos, si se examinan detenidamente, podrían verse como una dependencia inadvertida en una persona, un formato, un currículo o un libro—cualquiera de los cuales puede convertirse en un padrino o dama de honor en el pasillo.

Pero, amigos, esa no es la razón por la que Jesús murió y resucitó. Ni de lejos. La propuesta de Jesús es que cada uno de nosotros disfrute y lo siga personalmente.

La intuición no es reproducible.

Para lograr esto, debo limitarme a hacer todo lo posible de una manera reproducible—de una manera que alguien con diferentes dones o menos experiencia también pueda aprender a hacerlo.

¡Las personas fueron creadas para esto! Jesús quiere que se unan a él en hacer discípulos. Mientras les enseñas cómo hacerlo, ellos comenzarán a echar leña a su propio fuego espiritual y se volverán menos dependientes de ti—esto es un beneficio mutuo. Además, este valor de dejar huellas para seguir se puede aplicar en cualquier contexto ministerial.

Abrazar esta verdad influyó profundamente tanto en la participación dentro de nuestros grupos de discipulado y grupos de vida como en nuestra efectividad para multiplicarlos. Hacer esto es esencial para crear la cultura de hacer discípulos que queremos, y por eso es nuestro tercer valor fundamental:

Dejamos huellas para que otros las sigan.

CAPÍTULO 5

EL ORIGEN DE LOS TRES VALORES

1. ESTAMOS CENTRADOS EN JESÚS.
2. TENEMOS UN LLAMADO AL REINO.
3. DEJAMOS HUELLAS PARA QUE OTROS LAS SIGAN.

Si estos valores para hacer discípulos fueran solo el fruto de lecciones personales que he aprendido, su valor sería limitado. Podrían ser buenos para mí, pero quizás haya otros valores más significativos para ti. Lo que hace que estos tres valores sean universalmente valiosos en hacer discípulos es que están profundamente arraigados en la estrategia bíblica de Jesús.

Lo que hace que estos valores sean esenciales para hacer discípulos de forma reproducible es que son los que Jesús específicamente nos da.

A riesgo de perder tu atención por ser la persona número 1,000 en mencionar el Gran Mandamiento y la Gran Comisión, permíteme usar estos dos pasajes para ilustrar algo. Aquí los tienes para que no tengas que buscar tu Biblia:

Jesús contestó: -El más importante es: "Escucha, Israel: El Señor nuestro Dios es el único Señor. Ama al Señor tu Dios con todo tu corazón, con toda tu alma, con toda tu mente y con todas tus fuerzas". (Marcos 12:29-30)

Jesús se acercó entonces a ellos y dijo: -Se me ha dado toda autoridad en el cielo y en la tierra. Por lo tanto, vayan y hagan discípulos de todas las naciones, bautizándolos en el nombre del Padre y del Hijo y del Espíritu Santo, enseñándoles a obedecer todo lo que les he mandado a ustedes. Y les aseguro que estaré con ustedes siempre, hasta el fin del mundo." (Mateo 28:18-20)

LA GRAN COMISIÓN Y EL GRAN MANDAMIENTO ESTÁN CENTRADOS EN JESÚS

Si los observamos con una mirada cuidadosa o incluso superficial, descubrimos que están completamente centrados en Jesús. Después de todo...

- ¿A quién debemos amar con todo lo que somos? A Jesús.
- ¿A quién se le ha dado toda autoridad? A Jesús.
- ¿De quién debemos hacer discípulos de todas las naciones? De Jesús.
- ¿En nombre de quién debemos bautizar? Padre, Hijo Jesús y Espíritu Santo.
- ¿Quiénes somos para obedecer y enseñar a otros a obedecer? Jesús.
- ¿Quién está con nosotros siempre? Jesús.

Ambos pasajes a los que nos referimos como el Gran Mandamiento y la Gran Comisión están completamente centrados en Jesús. Todo fluye a partir de esta prioridad. Puede haber mil implicaciones y mil formas de expresar el impacto de esta verdad en nuestras vidas, pero una manera de decirlo en su forma más simple es alguna versión de esto: Estamos centrados en Jesús.

LA GRAN COMISIÓN Y EL GRAN MANDAMIENTO EXPRESAN NUESTRO LLAMADO AL REINO

Cuando examinamos la Gran Comisión, nuestro llamado al Reino casi nos golpea directamente en la cara: "Vayan y hagan discípulos de todas las naciones..." La razón principal para hacer discípulos de Jesús es expandir su Reino.

Como dije anteriormente, no es un "tengo que", es un "puedo". Nuestro llamado al Reino es lo que nos diferencia del mundo. No vivo para construir mi propio reino, sino el Reino de Jesús. Ya no estoy cautivo de una vida de futilidad —comer, beber, porque mañana moriremos[11]— ahora mi vida tiene un propósito mucho más grande de lo que jamás merecería.

La motivación de "tener que" versus "poder" representa una buena oportunidad para añadir una palabra sobre el método de Jesús para expandir su Reino. Como Jesús es Dios, en el sentido más estricto de la palabra, no necesita nada, incluyéndonos. Pero en su voluntad soberana, ha elegido obrar de manera encarnacional, primero al hacerse hombre él mismo y luego al habitar en hombres y mujeres que lo reciben como Señor y Salvador.

> **Escogió incluirnos–darnos este llamado al Reino–por una sola razón: *nos desea.***

Ha elegido trabajar con y a través de sus seguidores en casi todo lo que hace. ¿Estaba obligado a operar de esta manera? No, es Dios. ¿Era demasiado débil para construir su

11 Isaías 22:13

53

Reino sin nosotros? No, de nuevo, él es Dios. Él no está limitado por obligación ni por debilidad. Escogió incluirnos—darnos este llamado al Reino—por una sola razón: *nos desea*.

La mayor evidencia de esto es el Gran Mandamiento. La primera prioridad de Dios para nosotros no es trabajar más duro, ser más intensos o más radicales. Si lo fuera, así lo habría dicho. En cambio, el mayor mandamiento es amarlo con todo lo que tenemos.

Es esencial entender que Dios no nos necesita, pero sí nos desea. Responder al llamado del Reino bajo la idea equivocada de que Dios nos necesita siempre termina causando daños colaterales. No digo que no participemos en la expansión del Reino, pero generalmente, esto resultará en costos innecesarios, dificultades, agotamiento o heridas. Muchas personas a lo largo de la historia (incluyendo no a pocos pastores principales como yo) han puesto una presión/expectativa/condenación indebida—elige tu propia palabra aquí—sobre sí mismos, sobre aquellos que aman y sobre los que lideran. Seguir a una persona impulsada por la idea de que Dios la necesita puede ser agotador/desalentador/devastador o _____. (De nuevo, inserta aquí tu palabra preferida).

> **Cuando disfrutamos y seguimos a Jesús, el Reino se expande, pero el yugo es fácil y la carga es ligera.**

Por el contrario, cuando respondemos al llamado del Reino como una novia que sabe que es profundamente deseada y amada, es mucho más probable que experimentemos fruto y libertad. Por fruto, me refiero a personas aprendiendo a disfrutar y seguir a Jesús juntos, de una manera en la que también puedan mostrar a otros cómo disfrutar y seguirlo. Por libertad, me refiero a vivir menos atados por el pecado, las mentiras y las heridas del pasado. Esta es una excelente forma de vivir.

Cuando vivimos nuestro llamado al Reino como respuesta al profundo deseo del Novio de incluirnos, descubrimos que su yugo realmente es fácil y su carga ligera. No sacrificamos el progreso del Reino bajo su yugo; más bien, experimentamos más de la plenitud del Reino de Dios porque no solo se expande a través de nosotros, sino también dentro de nosotros.

EL GRAN MANDAMIENTO Y LA GRAN COMISIÓN DEJAN HUELLAS PARA QUE OTROS LAS SIGAN

Aunque la Gran Comisión deja espacio para todo tipo de expresión y ejecución creativa, también pone una demanda clara sobre nosotros. En la trama y urdimbre (pregúntale a tu abuela) de la Gran Comisión está el elemento distintivo de la reproducibilidad. Debemos enseñar a los nuevos discípulos a obedecer todo lo que Jesús ha mandado, incluyendo la misma Gran Comisión, para que esos nuevos discípulos también lleguen a ser hacedores de discípulos. Por lo tanto, debemos hacer todo lo que hacemos de una manera que deje huellas para que otros las sigan.

Nuevamente, para quienes puedan incomodarse al inicio con la idea de discipular de una manera un poco más reproducible y un poco menos intuitiva, les prometo que su disciplina para adoptar este tercer valor será ricamente recompensada al ver cómo Jesús les da generosamente un árbol genealógico espiritual más allá de lo que alguna vez imaginaron.

Restringirte voluntariamente a un enfoque de discipulado que sea reproducible y que dé vida te convierte en una parte clave de un equipo de relevos en una carrera espiritual de suma importancia.

Cuando hablo de restricción, no me refiero a seguir al pie de la letra un molde rígido. Aunque puede ser reproducible, no da vida. Me refiero a abrazar el objetivo de experimentar a Jesús personalmente y a algunos principios que Dios revela sobre cómo lograrlo.

EL VALOR PRÁCTICO DE LOS TRES VALORES

Casi el 100% de las veces, cuando una experiencia de hacer discípulos sale mal, es porque violé o descuidé uno de los Tres Valores. Mira algunos de los errores comunes que pueden contribuir a esto y fíjate si alguno se aplica a ti:

- Hablé demasiado (mi favorito.)
- No administré bien nuestro tiempo.
- No frené a un hablador excesivo.
- No tuve un plan para el grupo de discipulado.
- Me distraje con mi teléfono. (Puedes guardar tu teléfono mientras haces discípulos… Jesús nunca te enviará mensajes de texto.)
- Yo mismo no había estado disfrutando personalmente de Jesús. (¡Caramba!)
- No me reuní en un lugar tranquilo con el grupo de discipulado, por lo que concentrarme en Jesús fue difícil.
- Nunca dejé que nadie más me dirigiera.
- Me concentré en la transferencia de información y descuidé la experiencia.
- Nunca les mostré a quienes estaba discipulando cómo escuchar al Señor por sí mismos.
- Podría enumerar cientos más.

¿Ves cómo estos errores violan los Tres Valores? Por el contrario, ¿puedes ver cómo mirar a través del lente de los Tres Valores para Formar Discípulos te ayudaría a evitar estos y otros errores?

Estos Valores no solo sirven para describir la vida abundante que Jesús tiene para ti, sino también como una herramienta poderosa de diagnóstico para determinar por qué una reunión de discipulado salió bien o mal. Son sencillos, y yo los uso todo el tiempo.

Formar discípulos se trata de disfrutar y seguir a Jesús juntos, de una manera que nos permita mostrar a otros cómo disfrutar y seguirlo también. Vamos a sumergirnos en cómo puede verse eso...

CAPÍTULO 6

LAS EXPERIENCIAS FUNDAMENTALES

"HABLAR DESPUÉS ESCUCHAR. ESCUCHAR DESPUÉS HABLAR. LOS PASOS DE BAILE DE LAS RELACIONES."

Era viernes por la noche. Tenía 16 años y faltaban solo unas horas para llevar a quien ahora es mi esposa, Debbie, a nuestra primera cita. Íbamos a ir a The Loading Zone, un restaurante en Waco, Texas, cuyo menú se basaba en variaciones de papas al horno (no sorprende que haya cerrado). Estaba emocionado con la idea de estar con Debbie, pero también estaba muerto de miedo. La conocía desde quinto grado y la veía todo el tiempo en la iglesia, pero estaba a punto de estar a solas con ella. Una cosa era relacionarme con ella en grupo con nuestros amigos, pero estar a solas con ella, sin nadie más que llevara la conversación por nosotros, era un reto completamente diferente.

Estuve a punto de cancelar por los nervios, pero mi mamá me convenció de no echarme para atrás. (Te debo una, ¡mamá!) Me recordó que una conversación es como el tenis, donde se lanza la pelota de un lado al otro. "Uno de ustedes hablará", dijo mamá, "mientras el otro escucha. Luego lanzas la pelota por encima de la red y la otra persona hablará mientras tú escuchas." Sé que esto parece algo totalmente básico, pero recuerda, yo tenía solo 16 años y los ojos azules de Debbie eran, y siguen siendo, muy distractores. El consejo de mi mamá me ayudó y, como bono adicional, me compartió algunas preguntas sencillas que podía usar para iniciar el juego de tenis conversacional.

Durante nuestra adolescencia y principios de los veinte, Debbie y yo nos dimos cuenta de que disfrutábamos comunicarnos el uno con el otro más que con cualquier otra persona en el planeta entero (me gusta ser dramático). Comunicarme con Debbie era más divertido, más libre, más interesante y más de muchas otras cosas—¡y todavía lo es! ¿Y sabes qué? Aunque ya no somos dos adolescentes navegando las sutilezas del intercambio conversacional en The Loading Zone, sino que ahora somos "nido vacío" (a Debbie le gusta decir "aves libres"), ¿puedes adivinar en qué se sigue basando nuestra relación diaria?... espera... espera... Sí, nuestra amistad de décadas todavía depende de la comunicación: hablar y escuchar al otro.

La amistad y la comunicación son una parte maravillosa de lo que significa haber sido creados a imagen de Dios y diseñados para tener una relación con Él. Muchos de los principios de la vida humana y de las relaciones humanas apuntan a principios de la vida espiritual y nuestra relación espiritual con Jesús.

Dios describe repetidamente nuestra relación con Él como la de una novia con su Novio (y también como la de un hijo amado con el mejor de los Padres).

Si una buena comunicación—hablar y escuchar—es fundamental para un matrimonio saludable, entonces puedes apostar que hay una verdad paralela que se aplica a nuestra relación con Dios... y, efectivamente, la hay. Dios describe repetidamente nuestra relación con

Él como la de una novia con su Novio (y también como la de un hijo amado con el mejor de los Padres). Hablar y escuchar mutuamente está en el centro de estas dos relaciones humanas más importantes. También son dos de las experiencias más importantes de lo que podríamos describir como nuestra Relación Vertical con Jesús.

Pero no lo olvides: Dios también está construyendo una familia al invitar personas a su Reino. En una familia, los hijos aprenden de los padres cómo comunicarse y relacionarse entre sí. Lo mismo sucede en la familia de Dios. Por eso, Dios quiere ayudarnos a aprender a escucharlo a Él por amor a los demás, y quiere ayudarnos a aprender a hablar con otros sobre Él. Estas dos experiencias forman nuestra Relación Horizontal con Dios y con los demás.

Escuchar al Señor
Base Bíblica
Juan 10:27   Juan 14:26
Santiago 1:5 Juan 16:15
Romanos 12:2

Escuchar al Señor para amar a otros
Base Bíblica
Filipenses 2:13
1 Tesalonicenses 5:11
Juan 16:23

Hablar con otros acerca del Señor
Base Bíblica
Colosenses 4:2-6
Mateo 28:18-20
Hechos 1:8 1 Pedro 3:18

Hablar con el Señor
Base Bíblica
Efesios 6:18; 3:16-19
Romanos 8:15
Filipenses 4:6-7
Hebreos 4:16

Estas Experiencias Fundamentales representan lo básico de la comunicación espiritual. Aunque sin duda hay una infinidad de experiencias que podemos y tendremos con el Señor, las cuatro que se enumeran aquí son el mínimo irreducible, los bloques de construcción de una relación espiritual con Jesús.

Las dos que están en el centro del diagrama representan el núcleo de nuestra comunión con Jesús—nuestra relación vertical. Las dos de los lados representan la relación horizontal que compartimos con Jesús y con los demás.

Estas Experiencias Fundamentales nos capacitan para disfrutar y seguir a Jesús por el resto de nuestras vidas y por toda la eternidad.

¿Necesita un cristiano más que estas? Absolutamente, pero no se puede acceder al "más" si no se dominan estas bases. Estas Experiencias Fundamentales nos capacitan para disfrutar y seguir a Jesús por el resto de nuestras vidas y por toda la eternidad. Cuando descuidamos estas experiencias, inevitablemente terminamos despersonalizando nuestra relación con Jesús. Cuando eso sucede, dejamos de disfrutar de Él, y si no lo disfrutamos, no lo seguiremos—al menos no cuando las cosas se pongan difíciles.

QUEREMOS ESTO PORQUE FUIMOS HECHOS PARA ESTO

La mayoría de los seguidores de Jesús ya tienen la sensación de que estas Experiencias Fundamentales son una parte esencial de su vida espiritual.

Mi experiencia ha demostrado que, incluso si la persona a la que estoy discipulando no usa los términos exactos que yo he usado en mi esquema, aún así tiene un anhelo por las experiencias que esos términos describen.

Quieren sentirse cerca de Jesús, conocer su voluntad, reconocer su voz espiritual y sentir su presencia personal, su consuelo y su ánimo.

De manera similar, cada persona que he discipulado siempre ha tenido la esperanza de que la oración pueda ser algo menos unilateral y más disfrutable que simplemente dejar una lista de peticiones en la puerta celestial de Dios.

Cuando encontramos acuerdo entre la Palabra de Dios, el Espíritu de Dios y el Pueblo de Dios, podemos saber que estamos escuchando al Señor con precisión.

Lo mismo ocurre con las dos experiencias que sustentan la relación horizontal que compartimos con Jesús y con los demás.

Jesús nos diseñó con un deseo de tener un propósito en su Reino. Queremos bendecir a otros y queremos que Jesús nos incluya en el amor hacia los demás.

Y aunque muchas veces confundimos compartir las buenas noticias de Jesús con un "tengo que" en lugar de un "puedo hacerlo," en realidad no es así como queremos que sea. De hecho, queremos querer hacerlo.

Es cierto que nuestra naturaleza pecaminosa y nuestro enemigo espiritual a menudo se interponen en el camino, pero el punto es que cuando el Espíritu Santo viene a vivir en una persona, esa persona se vuelve capaz de experimentar a Jesús de estas maneras. Su Espíritu dentro de nosotros despierta un sentido santo de deseo y anticipación por más, porque Jesús es infinitamente cautivador—lo que significa que captará nuestra atención por toda la eternidad. Y, como en cualquier otra relación, mientras más disfrutamos a Jesús a través de estas experiencias, más profunda y rica será nuestra relación con Él. De hecho, nunca dejará de profundizar. Vamos a disfrutar de Jesús para siempre al escucharlo y hablar con Él, y con otros que también lo aman.

Así que hablemos de cómo podemos mostrarle a alguien cómo disfrutar de Jesús en estas formas fundamentales—y recordemos nuestro doble objetivo:

1. Queremos aprender a disfrutar y seguir a Jesús juntos, mientras que al mismo tiempo...

2. Queremos hacerlo de una manera que le muestre a otros cómo disfrutar y seguirlo también.

CAPÍTULO 7

EXPERIENCIA 1: ESCUCHAR AL SEÑOR

"COMO TODO BUEN PADRE, A JESÚS LE ENCANTA ANIMAR Y FORTALECER PERSONALMENTE A SUS HIJOS."

Un conocido mío una vez me dijo: "Kirk, siempre hablas de escuchar al Señor. Si quiero saber lo que Dios está diciendo, simplemente puedo ir a la Biblia."

Entiendo ese sentimiento. Yo creo en la suficiencia de las Escrituras. La Biblia es la Verdad inmutable de Dios para todas las personas en todo tiempo, y es suficiente para la salvación y para una vida que glorifica a Dios. Por eso, en el discipulado, siempre comenzamos con las Escrituras. Cuando lo hacemos, descubrimos que, a través de las Escrituras, Dios nos dice explícitamente que esperemos que Él nos hable. La Palabra de Dios nos ordena acudir directamente al Espíritu de Dios.

> **Escuchar al Señor**
>
> **Base Bíblica**
>
> Juan 10:27   Juan 14:26
> Santiago 1:5 Juan 16:15
> Romanos 12:2

He aquí sólo cinco de los muchos —y quiero decir muchos—
ejemplos bíblicos de esto:

[Jesús dijo,] Mis ovejas oyen mi voz; yo las conozco y ellas me
siguen. (Juan 10:27)

Si a alguno de ustedes le falta sabiduría, pídasela a Dios y él se la
dará, pues Dios da a todos generosamente sin menospreciar a nadie.
(Santiago 1:5)

Todo cuanto tiene el Padre es mío. Por eso les dije que el Espíritu
tomará de lo mío y se lo dará a conocer a ustedes. (Juan 16:15)

No se amolden al mundo actual, sino sean transformados mediante
la renovación de su mente. Así podrán comprobar cómo es la
voluntad de Dios: buena, agradable y perfecta. (Romanos 12:2)

Sin embargo, cuando el Padre envíe al Abogado Defensor como mi
representante -es decir, al Espíritu Santo-, él les enseñará todo y les
recordará cada cosa que les he dicho. (Juan 14:26 NTV)

¿Podría Dios ser más específico o claro? Nos está invitando a una
relación personal con Él. ¡Aceptemos su oferta generosa! Ese es el
propósito de la encarnación.

Qué decepcionante sería pensar que Jesús vino a la tierra en
semejanza de hombre para revelarnos a Dios caminando, hablando,
enseñando, riendo, comiendo y celebrando con las personas, solo para
luego retirarse de manera inaccesible al cielo. Ahora nosotros somos su
tabernáculo, su lugar de encuentro. ¡Él quiere relacionarse con nosotros

ahora! Quiere que conozcamos, sintamos, percibamos y entendamos su voz espiritual ahora—¡y podemos hacerlo!

¿PERO ES SEGURO?

La mayoría del tiempo, cuando muestro a las personas cómo Escuchar al Señor, se sienten profundamente conmovidas por lo accesible que es Jesús y por lo dispuesto que está a afirmar su amor por ellas. También ha habido personas que se me han acercado diciendo: "Esto se siente muy seguro cuando estoy contigo, pero si enseñamos que cualquier cristiano puede 'escuchar' a Dios, ¿no corremos el riesgo de abrir una caja de Pandora de herejías?"

Siempre comenzamos con las Escrituras.

Esa es una muy buena pregunta y sería una preocupación válida si no fuera por el hecho de que Dios nos ha dado una manera de poner a prueba y aprobar aquello que creemos que viene de Él.[12] Puedo ilustrar esto presentándote a Big Daddy.

Big Daddy era el nombre con el que llamábamos a mi abuelo materno, y Big Daddy criaba ovejas. En realidad, era un empresario emprendedor que fundó una compañía de distribución de alimentos en los años 30, manejando camiones desde la gran ciudad de Beaumont hasta pequeñas comunidades cercanas, pero más adelante fue dueño de algunos ranchos en la región montañosa de Texas donde criaba ovejas.

Los veranos de mi infancia (piensa en *That 70s Show)* incluían semanas en el rancho de mis abuelos con Big Daddy y su esposa, a quien yo llamaba Big Mama. Por lo general, disfrutaba "ayudar" a Big Daddy

---

12 Romanos 12:2 revela la promesa que Dios ha creado una manera para que podamos discernir con confianza su voluntad, si lo que estamos escuchando es en realidad su voz espiritual.

con varios trabajos del rancho. Digo "por lo general" porque había un trabajo que me daban ganas de salir corriendo y esconderme: reparar cercas. Desafortunadamente, también era uno de los trabajos más comunes que había que hacer.

La ayuda que yo prestaba en general consistía en quedarme parado bajo el calor del verano tejano, entregándole a Big Daddy grapas en forma de "U" que él usaba para asegurar el alambre de púas a los postes de la cerca. Mi papel era el epítome de lo que llamamos mano de obra no calificada. Era la parte más aburrida de uno de los trabajos más tediosos del rancho, mientras íbamos avanzando de lado, parando cada dos metros y medio para clavar una grapa sobre el alambre en el poste, a lo largo de una cerca que parecía extenderse hasta México.

Las ovejas necesitan un pastizal, y las cercas son lo que forma ese pastizal.

Recuerdo haberme quejado y preguntarle a Big Daddy por qué teníamos que revisar cada uno de los postes de la cerca. Su respuesta: "Las ovejas necesitan un pastizal, y las cercas son lo que forma ese pastizal. Sin eso, las ovejas se meten en todo tipo de problemas."

Cuando se trata de conocer la voluntad de Dios y discernir su voz espiritual, Dios les proporciona a los seguidores de Jesús un pastizal. Es un pastizal de tres lados con tres postes en las esquinas:

1. La Palabra de Dios.
2. El Espíritu de Dios.
3. El Pueblo de Dios.

Dibujado de forma sencilla, el pasto podría verse así:

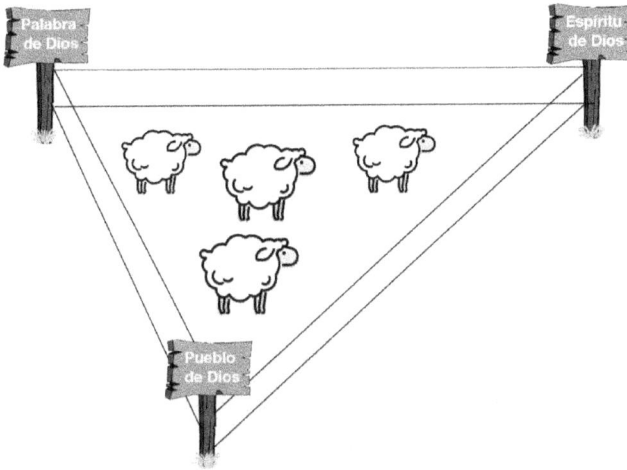

Los tres postes son necesarios para formar el pastizal. Si falta cualquiera de ellos, el pastizal deja de existir.

La Palabra de Dios, la Biblia, es la expresión infalible, hermosa y perfecta de su voluntad y sus caminos. Es verdadera, con aplicación universal y alcance eterno. Para dar crédito al conocido que mencioné al comenzar este capítulo, si queremos conocer la voluntad de Dios, podemos y debemos acudir a la Biblia; es uno de los postes fundamentales que forman nuestro pastizal. Cuando miramos a la Palabra de Dios, encontramos que Dios nos anima a depender del Espíritu de Dios. Esto tiene sentido: después de todo, la recompensa de la resurrección es una relación personal real con el Dios vivo para siempre. Podemos comenzar a disfrutar de esa relación eterna ahora mismo.

Cuando el Espíritu de Jesús (también conocido como el Espíritu de Dios, Espíritu Santo o Espíritu Divino) habla, podemos confirmar que estamos discerniendo correctamente su voz espiritual porque:

1. **Él siempre habla de manera consistente con la Palabra de Dios.** Jesús nunca se contradice a sí mismo ni contradice lo que ya nos ha dicho en su Palabra, la Biblia. Siempre será perfectamente coherente. ¿No es reconfortante saber que es así de seguro?

2. **Él siempre habla con el tono y el carácter de un buen Padre.** Los buenos padres son fuertes, gentiles, sabios, alentadores y exhortadores. No amenazan ni asustan a sus hijos.

3. **Él siempre habla con un tono positivo, no condenatorio** (aunque sus palabras puedan ser condenatorias).[13] Jesús murió específicamente para quitar la condenación. Incluso cuando el Espíritu Santo me está convenciendo de pecado, su tono no es condenatorio; suele ser fuerte, urgente y persistente, pero no condenatorio. ¡Gracias, Jesús!

4. **Él siempre habla de una manera que nuestra comunidad cristiana puede afirmar o corregir.** Para tener confianza en lo que estamos percibiendo del Señor, necesitamos caminar en comunidad continua. (Más sobre esto en un momento).

Al Espíritu Santo le encanta usar su espada (la Palabra de Dios) en nuestras vidas. Porque se preocupa por nosotros y realmente disfruta relacionarse con nosotros, el Espíritu de Dios toma la Palabra inmutable de Dios y nos la habla personalmente, aplicándola a nuestra situación, haciéndola real y oportuna. El estudio bíblico es, por supuesto, maravilloso y esencial (hazme un favor y vuelve a leer eso), sin embargo, no podemos entender la Palabra ni aplicarla correctamente si confiamos únicamente en nuestro intelecto. Y además, ¿quién querría conformarse con las conclusiones de su propia mente finita? Jesús quiere compartir

---

13 Escuché por primera vez los puntos 2 y 3 articulados por mi amigo Rick Bewsher y cuando lo hice, sentí que se desprendían de mí cadenas de condenación que nunca más me han vuelto a pesar.

Cuando encontramos acuerdo entre estos tres, podemos saber con humildad pero con confianza que estamos discerniendo con precisión la voz espiritual de Jesús.

sus pensamientos con nosotros. Dios incluso promete que tenemos la mente de Cristo.[14] La vida eterna comienza en el momento en que confiamos en Cristo. ¿Y qué es la vida eterna? Conocer al Padre y a Jesucristo, a quien él ha enviado. ¿Cómo lo conocemos? A través del Espíritu Santo.

Conocerlo será algo mucho más natural y divertido en el cielo y en la nueva tierra, pero también podemos conocerlo aquí y ahora. Esto es lo que Jesús predicaba y modelaba para nosotros cuando se retiraba a lugares solitarios.

La maravillosa realidad que tenemos disponible ahora es que podemos conocer el amor de Jesús de una manera que sobrepasa el mero conocimiento. Podemos conocerlo de forma experiencial, en un grado que solo puede describirse como estar llenos hasta la medida completa de Dios.[15] Pero Él tiene aún más para nosotros…

Porque Dios está formando una familia, le encanta incluir a sus hijos en la tarea de bendecir a sus hijos, lo que nos lleva al tercer poste del pastizal espiritual.

DOS POSTES NO HACEN UN PASTIZAL

El último poste que asegura nuestro pastizal es el pueblo de Dios.

A veces, la inestabilidad de nuestra alma hace que sea difícil confiar en que estamos escuchando al Señor con precisión y puede sacudir nuestra interpretación de su Palabra. Afortunadamente, Dios es nuestro

---

14 1 Corintios 2:16
15 Efesios 3:18-19

Padre y nos ha traído a una familia llena de sus otros hijos, nuestros hermanos y hermanas espirituales. A pesar de la tendencia de la cultura estadounidense a valorar la independencia por encima de muchas otras cosas, la vida en familia se caracteriza por la dependencia mutua. Así es en la familia de Dios—y siempre ha sido así. Solo piensa a quiénes iban dirigidas las epístolas del Nuevo Testamento. Pablo le recuerda a su lector: "no muchos de ustedes eran sabios según criterios humanos; ni influyentes, ni de noble cuna."[16] No había un exceso de graduados de seminario en el siglo I que estuvieran por encima del pueblo común diciéndoles cómo discernir la voluntad de Dios. De hecho, cuando la educación religiosa "cristiana" se institucionalizó, tomó 1,200 años y la Reforma para superar esa situación. Mi punto no es criticar a los graduados de seminario (yo soy uno), sino recordarnos a todos que el plan de Dios siempre ha sido que probemos y aprobemos su voluntad a través de la Palabra de Dios, el Espíritu de Dios y el Pueblo de Dios. Es su manera.

Cuando encontramos acuerdo entre estos tres, podemos saber con humildad pero con confianza que estamos discerniendo con precisión la voz espiritual de Jesús. Ningún buen padre le niega cosas buenas a su hijo. Más bien, le da lo que sabe que necesita. El corazón de un buen padre desea proveer, cuidar, alentar y consolar—y nosotros tenemos al mejor de los Padres.

LOS PUNTOS DE PARTIDA PARA APRENDER A ESCUCHAR AL SEÑOR

En este punto, podría ser útil volver a leer la historia que compartí sobre Leo. En ella, describo tres Puntos de Partida—tres actividades simples y reproducibles para ayudar a una persona a comenzar a escuchar al Señor.

Los Puntos de Partida son simplemente eso: lugares por donde

---

16 1 Corintios 1:26-29

empezar. Así como un mapa es muy útil la primera vez que alguien recorre una ruta, mientras más familiar se vuelve el trayecto, menos necesario es el mapa. No conviertas los Puntos de Partida en un conjunto de reglas. Son simplemente maneras reproducibles de mostrarle a alguien cómo comenzar a disfrutar y seguir a Jesús.

Gráficamente, el Punto de Partida para Escuchar al Señor se ve así:

Después de que Leo y yo compartimos un Estudio Bíblico de Descubrimiento (EBD), usamos "Quiero que sepas" como un Punto de Partida para escuchar al Señor.

> **Escuchar al Señor**
> **Punto de Partida**
> Estudio Bíblico de Descubrimiento
> "Quiero que sepas..."
> "Yo voy a..."

Si vuelves a leer la historia, recordarás que Leo escuchó o sintió que el Señor le impresionaba estas palabras de aliento: Leo, quiero que sepas que me alegra mucho que quieras saber más sobre mí. He estado esperando esto por mucho tiempo. Si sigues leyendo la Biblia, llegarás a conocerme más.

Leo y yo no tuvimos problemas para poner a prueba y aprobar lo que él había escuchado, comparándolo con las Escrituras y el carácter de Dios. No es sorprendente que Dios expresara alegría y entusiasmo ante el deseo de Leo de conocerlo más—todos los buenos padres sienten esto por sus hijos.

Este Punto de Partida saca esa herejía o malentendido de la voluntad de Dios a la luz, donde realmente podríamos abordarlo.

Ahora bien, ¿es posible que Leo pudiera haber escuchado algo que en realidad no viniera del Señor? ¿Podría Leo haber escrito algo que en realidad fuera una herejía? Por supuesto. Pero recuerda que si la herejía ya estaba en el corazón o en la mente de Leo, este Punto de Partida saca esa herejía o malentendido de la voluntad de Dios a la luz, donde realmente podríamos abordarlo, evaluándolo y corrigiéndolo con las buenas noticias de la Verdad de Dios.

Cuando una persona aprende a Escuchar al Señor, descubrirá cuán tierno y reconfortante es Jesús. Él siempre dice cosas que penetran mucho más profundo que lo que podría decir un padrino o una dama de honor. Esto no quiere decir que Jesús no hable a través de otras personas, sino que parece disfrutar reservarse las cosas más especiales para decirlas él mismo. Le encanta el momento en que están solo tú y él.

La falta de entendimiento sobre cómo escuchar al Señor personalmente podría ser una de las razones por las que dos tercios de los jóvenes que crecen en hogares cristianos y en la iglesia terminan dejando su fe al menos durante un año después de terminar el bachillerato.[17] ¿Será que estos chicos han tenido mucha "iglesia" y mucha instrucción sobre lo que debían y no debían hacer, pero nunca experimentaron personalmente a Jesús? Cuando una persona discierne la voz espiritual del Señor, todo cambia. Cuando las personas reconocen que Jesús es real, atento y alentador, ¿por qué habrían de dejarlo?

Por eso Escuchar al Señor es una de las Experiencias Fundamentales más importantes en la formación de discípulos.

EL GOZO DEL FORMADOR DE DISCÍPULOS

Antes de pasar a la segunda de nuestras Experiencias Fundamentales, déjame reiterar algo que mencioné en mi historia con Leo: ¡Ese día fue el mejor de mi semana! ¿Puedes imaginar cuán increíblemente generoso

---

17 Investigación Lifeway. "Razones por las que los jóvenes de 18 a 22 años abandonan la iglesia". Consultado el 4 de septiembre de 2024. https://research.lifeway. com/2007/08/07/reasons-18-to-22-year-olds-drop-out-of-church.

fue Jesús al incluirme en ayudar a Leo a experimentarlo por primera vez? ¡(Sin mencionar que le enseñé a decir Zaqueo correctamente!)

Quizás lo más asombroso de todo fue que ¡fue fácil! Como padrino, me mantuve al lado de Jesús y fuera del pasillo, ¿y adivina qué?... Jesús atrajo a Leo hacia Él. ¡Fue increíble! No podía esperar para compartirlo con mi esposa... y con mis hijos... y con nuestro equipo... ¡y con cualquiera que quisiera escuchar! Esa noche me fui a dormir chocando los cinco con Jesús.

Este es solo un ejemplo de los momentos tan ricos que vienen incluidos en una vida dedicada a hacer discípulos. Tengo muchos más... y tú también los tendrás cuando digas "¡Sí!" al llamado del Reino de Jesús para tu vida y aprendas a discipular a tus hijos y a otros, dejando huellas tras de ti para que puedan seguirlas. De hecho, no me puedo resistir. Aquí va otra historia rápida...

Cuando una de nuestras hijas estaba en cuarto grado, llegó a casa del colegio desconsolada. Un compañero se había burlado de sus gafas y de la tendencia de uno de sus ojos a desviarse hacia adentro. Yo estaba escuchando esto mientras me sentaba en su cama para despedirme antes de dormir. Parte de nuestra rutina nocturna (gracias a Brian Hannas) era hacerles a nuestras hijas una pregunta simple pero importante: ¿Alguien lastimó tu corazón hoy? (Muchas de las mentiras que nos decimos a nosotros mismos como adultos comenzaron en la infancia. Preguntas bien formuladas como ésta pueden ayudar a los padres a extraer las flechas que se quedan clavadas en el corazón de sus hijos antes de que infecten su identidad. Más sobre esto más adelante).

Debo admitir que cuando mi hija compartió la herida que le había causado ese niño, mi reacción inmediata no fue muy santa. Quería decir algo como: "Cariño, ese niño es un tonto, ¡igual que su papá!" (Me contuve). Otra posible respuesta, un poco más santa que la primera, fue decirle algo alentador: "No le hagas caso a ese niño, tus ojos son hermosos." Y aunque no hubiera estado mal decir eso—y las niñas realmente necesitan que sus padres las animen—había una opción aún mejor. Esa fue la que elegí: "Cariño, sé que ese niño se burló de ti, pero ¿por qué no le preguntamos a Jesús qué es lo que es verdad?"

Esto no era algo nuevo para nosotros, así que cerramos los ojos y dije: "Jesús, el corazón de mi niña está dolido, ¿hay algo que quieras decirle?"

Esperamos en silencio unos momentos y luego abrí los ojos y le pregunté: "¿Qué te dijo Jesús?"

Ella me miró y sonrió: "Jesús dijo que le gustan mis ojos."

Ella había escuchado a Jesús, y si hubieras visto la cara de mi hija, sabrías que creyó lo que Jesús le acababa de decir. ¡Qué dulce y amable es Jesús!

Este momento con mi hija ilustra por qué aprender a escuchar al Señor es tan importante. Lo que mi hija de 10 años escuchó de Jesús fue simple—de hecho, sonaba muy similar a lo que yo había pensado decirle. Pero recuerda, aunque yo soy su papá, en otro sentido también soy un padrino. Mi rol es crear el contexto para que ella experimente a Jesús—y lo hice sugiriendo que le preguntáramos a Jesús qué es verdad. Cuando Jesús dijo esas palabras tan simples, "Me gustan tus ojos", llegaron a un lugar en su corazón al que mis palabras nunca habrían podido llegar. (Por supuesto, estuve de acuerdo con Jesús y le dije que a mí también me gustan sus ojos).

Cuando las personas experimentan que Jesús las anima, las guía o les recuerda lo que es verdad, eso lo cambia todo. Trascienden la disciplina religiosa y comienzan a entrar en un lugar nuevo donde disfrutan de Él de manera personal. Por eso Escuchar al Señor es la primera de nuestras Experiencias Fundamentales.

CAPÍTULO 8

EXPERIENCIA 2: HABLAR CON EL SEÑOR

"CUANDO LA GENTE EXPERIMENTA A JESÚS, TODO CAMBIA."

Durante casi toda mi vida, supe que la oración era de vital importancia para la vida cristiana. También sabía que se suponía que debía orar. Pero tenía dos problemas: la oración me parecía aburrida, y por eso no quería orar. Es muy difícil hacer algo de manera constante si no lo disfrutas y no ves su propósito—y esa era mi experiencia con la oración. Esto no quiere decir que nunca orara... simplemente no oraba mucho.

Honestamente, encontraba la oración lógicamente confusa. Si Dios ya lo sabía todo, y si Dios iba a hacer lo que quisiera de todos modos, ¿por qué necesitaba invertir tiempo en orar cuando había un millón de otras cosas que podría estar haciendo?

Lo que hacía la oración aún más desconcertante para mí eran algunas de las promesas extrañas y aparentemente

> ### Hablar con el Señor
> **Base Bíblica**
> Efesios 6:18; 3:16-19
> Romanos 8:15
> Filipenses 4:6-7
> Hebreos 4:16

inalcanzables que Jesús y otros hicieron en la Biblia. Mira si puedes identificarte con mi lucha al leer estos versículos:

> Cualquier cosa que ustedes pidan en mi nombre, yo la haré; así será glorificado el Padre en el Hijo. Lo que pidan en mi nombre, yo lo haré. (Juan 14:13-14)

> Así el Padre les dará todo lo que pidan en mi nombre. (Juan 15:16b) Les aseguro que mi Padre les dará todo lo que pidan en mi nombre. Hasta ahora no han pedido nada en mi nombre. Pidan y recibirán para que su alegría sea completa. (Juan 16:23b-24)

> Esta es la confianza que tenemos al acercarnos a Dios: que, si pedimos cualquier cosa conforme a su voluntad, él nos oye. Y si sabemos que Dios oye todas nuestras oraciones, podemos estar seguros de que ya tenemos lo que le hemos pedido. (1 Juan 5:14-15)

Estas Escrituras ofrecen promesas fantásticas… si puedes descubrir qué significa orar en su nombre o conforme a su voluntad. Si no, bueno, mala suerte, gracias por participar. Al menos eso es lo que yo pensaba mientras crecía. Y como eso era lo que creía, puse la oración, figurativamente, en un estante. No la tiré, pero la coloqué en el estante espiritual de mi alma y rara vez la tomaba para usarla.

Eso fue hasta que un día, mientras leía la Biblia, el Espíritu Santo conectó algunos puntos que antes estaban desconectados en mi sistema de creencias. Creo de todo corazón que la Palabra de Dios es verdadera y justa… Creo que es la expresión autoritativa de su nombre: la voluntad y los caminos de Dios. Lo que me había perdido por completo es que, al sumar eso, la Biblia se nos revela como una guía de oración. Toda la Escritura—de una forma u otra—nos dice qué orar y cómo orar. Descubrir la Escritura como combustible para la oración fue la clave que desbloqueó para mí el misterio de la oración.

De hecho, la Biblia está llena de ejemplos de oraciones de personas. Dios los incluyó para que los seguidores de Jesús, en las generaciones futuras, pudieran saber cómo orar, cuándo orar y por qué. Simplemente oramos la Escritura. No me refiero a recitarla—aunque la memorización es poderosa— sino a usarla como punto de partida que nos impulsa a una conversación viva con Jesús a medida que aprendemos a hablar con Él.

> **Simplemente oramos la Escritura....a usarla como punto de partida que nos impulsa a una conversación viva con Jesús a medida que aprendemos a hablar con Él.**

Aquí hay una forma vivificante y reproducible de hacer esto… la llamo Oración de Descubrimiento, y es un Punto de Inicio sencillo para mostrarle a alguien cómo Hablar con el Señor.

¿Recuerdas cómo, en un Estudio Bíblico de Descubrimiento, leíamos la Escritura y luego comentábamos lo que revelaba sobre Dios y lo que revelaba sobre las personas? La Oración de Descubrimiento es similar. Eliges un pasaje de las Escrituras y lo lees lentamente un par de veces. Luego le pides al Espíritu Santo que te revele:

1. ¿Qué revela este pasaje sobre Dios por lo que puedas **darle gracias** o **declarar** sobre Él?
2. ¿Qué revela este pasaje sobre los seguidores de Jesús que puedas **declarar** o **pedir** tener más?

Luego oran juntos usando el patrón de Agradecer-Declarar-Pedir. Es simple, pero poderoso.

¿Podría una persona mirar un pasaje de la Escritura y hacer una lista de cosas por las que agradecer, declarar o pedir sin realmente orar? Claro. A veces, eso también es un buen punto de partida. Pero cuando las personas oran juntas, Jesús se encuentra con ellas. Está con ellas. Él es quien da significado a la experiencia. El papel especial del hacedor de discípulos es ayudar al discípulo a comenzar y mostrarle el camino.

Cuando las personas oran juntas, Jesús se encuentra con ellas.

¿Has notado que, en una boda, el cortejo entra antes que la novia? Normalmente el novio entra primero... luego los padrinos y las damas de honor... y luego entra la novia. En un sentido ceremonial, los padrinos y damas de honor crean y resguardan el pasillo. Ellos crean el contexto en el que la novia experimentará al novio.

Así es en la formación reproducible de discípulos. El hacedor de discípulos crea el contexto, camina por el pasillo primero y le muestra al discípulo el camino hacia Jesús.

Aquí tienes una manera de guiar a alguien a la experiencia de Hablar con el Señor. Yo podría elegir un pasaje como Colosenses 1:9-10 donde Pablo ora:

Desde el día en que lo supimos, no hemos dejado de orar por ustedes. Pedimos que Dios les haga conocer plenamente su voluntad con toda sabiduría y comprensión espiritual, para que vivan de manera digna del Señor, agradándole en todo. Esto implica dar fruto en toda buena obra, crecer en el conocimiento de Dios.

En la Oración de Descubrimiento, al Agradecer-Declarar-Pedir, seguimos este orden simple:

- Oramos.
- Hacemos una pausa.
- Escuchamos.
- (Repetir)[18]

Aunque es un poco difícil de describir por escrito, yo o alguien conmigo podría orar algo como esto:

Señor Dios, gracias porque tú eres el Dios de todo conocimiento. *(Agradecer)* Solo tú posees el conocimiento que necesitamos. (Declarar) ¡Tu voluntad es la mejor, Jesús! *(Declarar de nuevo)* ¡La queremos! Todo lo que tienes para nosotros, lo queremos. Llénanos con el conocimiento de tu voluntad. *(Pedir)*

Hacer pausa y escuchar: Ya sea que esté solo hablando con el Señor, o con mi hija o en un grupo de formación de discípulos, en general no oro oraciones largas. Hago una pausa y escucho, dándole al Espíritu Santo espacio para dirigir mis pensamientos. Muchas veces, Él trae a mi mente otras cosas que me llevan a agradecer, declarar o pedir. Hice exactamente eso mientras escribía esta parte y esto fue lo que el Espíritu Santo trajo a mi mente para orar...

Padre, ¡tu voluntad siempre es para el bien más alto! *(Declarar)* Me humillo ante tu voluntad, renunciando a la mía para dar lugar a la

---

18 Este patrón es simple, pero el Pastor Brian Hannas me ayudó a ver lo importante que es experimentar al Espíritu Santo cuando oramos.

tuya. *(Declarar)* Te entrego toda mi vida como tu espacio de trabajo, deja que tu Reino venga primero en mí y a través de mí, Papá. *(Pedir)*

Quizás la parte más importante de esto es cuando hago una pausa y escucho. Al hacerlo, estoy siendo sensible a los susurros del Espíritu Santo, tal como le enseñaba a Leo en nuestro primer EBD. No es magia ni auto conversación; es algo mucho mejor: es experimentar a Jesús, tal como la Biblia promete que podemos.

Para ayudar a nuestra iglesia a comenzar a experimentar esto, un domingo les pedí que levantaran la mano y dijeran en voz alta lo que viniera a su mente en respuesta a la frase "la voluntad de Dios" en Colosenses 1:9.

Antes de hacerlo, oré en voz alta: "Padre Dios, ¿nos traerías a la mente palabras y pensamientos relacionados con tu voluntad?" Luego, lo hicimos. Sí, se sintió un poco como un concurso de televisión mientras las manos se levantaban por todas partes y la gente comenzaba a gritar respuestas como... Buena... Grande... Eterna... Imparable... Para nuestro bien... Magnífica... Hermosa... Para siempre (¿eso no es como eterna?)... Digna de confianza... y muchas otras.

Luego tomamos literalmente un minuto para decir esas cosas directamente a Dios en oración. Simple, ¿cierto? Y, sin embargo, algunas personas nos dijeron que eso cambió la forma en que veían la oración y las Escrituras.

Desde que aprendí la Oración de Descubrimiento, hablar con el Señor se ha convertido en una de mis cosas favoritas. Me encanta despertarme temprano, cuando aún está oscuro, y salir a caminar por mi vecindario. Normalmente elijo una Escritura y comienzo a hablar con el Señor. Cuanto más lo hago, más rica se vuelve mi conversación con Él. Ahora, cuando hago una pausa y escucho, generalmente Él trae a mi mente algo adicional pero relacionado con lo que acabo de orar. Yo podría responder como en una conversación con otra persona y decir:

"¡Oh, no había pensado en eso!" (Sea lo que sea.)

"Sí, Señor, gracias por eso. Por favor dame más de eso también," (o dáselo a tal o cual persona).

Como en toda relación que tenemos, más tiempo juntos da lugar a una amistad más profunda. Cuanto más disfruto y sigo a Jesús, más profunda y vivificante se vuelve mi relación con Él.

> **Cuanto más disfruto y sigo a Jesús, más profunda y vivificante se vuelve mi relación con Él.**

La oración ya no está en el estante para mí. En cambio, la oración ya no consiste simplemente en dejar mis peticiones en la puerta celestial de Dios y retirarme torpemente; se ha convertido en una conversación viva. Oro por cosas diferentes… espero cosas diferentes. Claro que sigue teniendo su misterio. Después de todo, ¡estamos hablando con el Dios del Universo! —pero estamos hablando *con* el Dios del Universo. ¡Él está con nosotros! ¡Y también nos está disfrutando! Mis oraciones ya no se sienten débiles. Ahora siento el "¡Amén!" interior de Jesús animándome:

¡Sí, Kirk! Vas por buen camino. ¡Tú y yo estamos en la misma página! Estoy obrando. Me estoy moviendo. Sigue confiando en mí, ¡no te decepcionarás!

Recuerda, la Oración de Descubrimiento es solo un Punto de Inicio. Si eres una persona más del tipo ingeniero, podrías sentir la tentación de hacer de esta "la" forma de mostrar a alguien cómo orar. Resiste eso. La idea es simplemente abrir una puerta a través de la cual la otra persona pueda entrar a un mundo de formas maravillosamente personales de interactuar con Jesús.

Si tiendes más hacia el lado artístico/intuitivo, podrías tener la tentación de descartar cualquier tipo de estructura para interactuar con Jesús. Pero recuerda, la intuición no es reproducible. Necesitas alguna manera de ayudar a la persona que estás discipulando a comenzar a hablar con el Señor. Este Punto de Inicio, y los demás, son un intento de emplear la menor cantidad de estructura necesaria para que sea reproducible, pero sin quitarle vida a la experiencia.[19]

Así que aquí está nuestro gráfico que muestra la segunda de las Experiencias Fundamentales y el Punto de Inicio que usamos para mostrarle a la gente cómo experimentar a Jesús de esta manera:

> **Hablar con el Señor**
> **Punto de Partida**
> Oración de descubrimiento
> Agradecer
> Declarar
> Pedir

---

19 Si encuentras un mejor punto de partida para mostrar a las personas cómo interactuar con Jesús a través de la oración, adelante. Solo asegúrate de que esté centrado en Jesús, que conecte a tu discípulo de alguna manera con su llamado al Reino y que deje huellas a seguir. Así, tu discípulo podrá compartirlo con quienes él discipula.

CAPÍTULO 9

EXPERIENCIA 3: ESCUCHAR AL SEÑOR PARA AMAR A OTROS

"A JESÚS LE ENCANTA INCLUIRNOS EN CASI TODO LO QUE HACE."

¿Alguna vez un amigo te ha llamado solamente para desahogarse con algo pesado? Tal vez has estado en un grupo pequeño o célula cuando alguien compartió una carga tan abrumadora que parecía consumir todos sus pensamientos y tiempo.

Durante gran parte de mi vida, solía responder a situaciones así de una de dos maneras:

- Expresaba empatía (lo cual es bueno), y luego rápidamente pasaba a dar consejos o soluciones (no siempre tan bueno).

- O respondía con algo como: "Estaré orando por ti," que muchas

> **Escuchar al Señor para amar a otros**
> **Base Bíblica**
> Filipenses 2:13
> 1 Tesalonicenses 5:11
> Juan 16:23

veces en realidad significaba: "No sé qué decir ahora, y espero que las cosas mejores antes de que volvamos a hablar."

Pero en realidad hay una manera mejor—una forma más llena de vida, más eficaz y que glorifica más a Jesús.

CON ÉL. POR ÉL.

Durante años, comencé cada día sintiendo presión por hacer cosas para Dios. Pero a medida que mi relación con Jesús se profundizó, me di cuenta de algo importante: A Dios no le interesa principalmente lo que puedo hacer para Él—Él quiere que haga todo con Él.

Es no solo es una forma más agradable de pensar—es una forma completamente nueva de vivir.

Filipenses 2:13 hace una promesa extraordinaria: "Dios es quien produce en ustedes tanto el querer como el hacer para que se cumpla su buena voluntad." (Aquí está mi paráfrasis: El Espíritu de Dios es quien te da el deseo de hacer la voluntad de Dios y el poder para llevarla a cabo.) Él moldea nuestros deseos para que se alineen con los suyos. Y luego nos equipa para llevarlos a cabo. Con Él. Por Él. No solo para Él.

Con Él. Por Él. No solo para Él.

Cuando acogemos esa promesa, todo cambia.

Por ejemplo, la Escritura nos exhorta repetidamente a alentarnos unos a otros y edificarnos mutuamente (ver 1 Tesalonicenses 5:11, Hebreos 10:24). Con base en Filipenses 2:13, podemos esperar con confianza que el Espíritu Santo conmueva nuestros corazones con el deseo de animar, y luego nos dé el discernimiento para hacerlo bien.

Como sé que su deseo es fortalecer, consolar y animar, puedo examinar y aprobar lo que percibo del Señor para asegurarme de que se alinee con la Escritura y realmente edifique a la persona.

Así que cuando un amigo viene a mí con una carga, no necesito apresurarme a dar consejos ni ofrecer frases vacías. Puedo preguntarle a Jesús cómo animarlo. Puedo escuchar sus pensamientos.[20] Y como sé que su deseo es fortalecer, consolar y animar, puedo examinar y aprobar lo que percibo del Señor para asegurarme de que se alinee con la Escritura y realmente edifique a la persona.[21]

En el capítulo 7 vimos cómo podemos escuchar al Señor—cómo, cuando le damos espacio, podemos sentir que Él imprime sus pensamiento en nuestra mente, a menudo llenos de amor y verdad. Cuando eso sucede, tiene sentido que parte de lo que Él habla también pueda estar destinado a otros.

Piénsalo: ¿no has sido tú el que llevaba una carga, y alguien se comunicó contigo de la nada diciendo: "Dios te puso hoy en mi corazón"? Eso no es coincidencia—es Jesús hablándoles, por ti.

UN PUNTO DE PARTIDA SENCILLO

Esto no es complicado. Si Jesús habla—y nosotros podemos escuchar— entonces muy bien podría decir algo que esté destinado a animar a otra persona. No necesitamos ser ingeniosos ni impresionantes. Solamente necesitamos darle espacio a Dios.

---

20 Por eso se refiere a nosotros como su cuerpo, la luz del mundo, sus embajadores, etc. en 1 Corintios 12:27; Mateo 5:14; 2 Corintios 5:20.

21 Esta frase se utiliza para describir a personas que están abiertas a conversaciones espirituales, al evangelio o que son posibles influenciadores espirituales en su comunidad.

El Punto de Partida que usamos para Escuchar al Señor para amar a otros se llama Ver-Sentir-Responder.

VER

Cuando alguien comparte una necesidad o lucha, pregunta en silencio: "Señor, ¿me ayudarías a ver lo que Tú ves?" Esta oración sencilla reconoce su presencia e invita su perspectiva al momento.

SENTIR

Después, pide a Jesús te ayude a alinear tu corazón con el suyo: "Ayúdame a sentir lo que Tú sientes por esta persona." Esto nos abre a su compasión—un amor más profundo que el nuestro—para que respondamos no por lástima o presión, sino con un cuidado semejante al de Cristo.

RESPONDER

Luego pregunta: "Jesús, ¿cómo debería responder?" Tal vez sea con oración. Quizá con una palabra de aliento guiada por el Espíritu, un acto silencioso de servicio, o simplemente con tu presencia. A veces lo que percibas puede diferir de tus instintos naturales—y eso está bien. Si tu respuesta está fundamentada en la humildad y el amor genuine, dará fruto.

No te dejes engañar por la simplicidad de este Punto de Partida. Como la poderosa motivación: "Quiero que sepas...", simple no significa superficial. Cuando reducimos la velocidad y hacemos espacio para Dios, Él está deseoso de llenar ese espacio. A medida que crezcas en esta práctica, te sentirás más seguro en la provisión del Señor. Sentirás cada vez más su presencia y su voz espiritual. Esto es lo que Él quiere. Le encanta incluirnos en su obra—no porque nos necesite, sino porque quiere estar con nosotros.

Ese es el corazón del asunto: Dios ama hacer las cosas con nosotros, incluyendo amar a otros.

Escuchar al Señor para amar a otros

Punto de Partida

Ver

Sentir

Responder

CAPÍTULO 10

EXPERIENCIA 4: HABLAR CON OTROS ACERCA DEL SEÑOR

"CUANDO LAS PERSONAS EXPERIMENTAN A JESÚS, TODO CAMBIA."

Permíteme volver a traer a Leo a la historia. Ese día le mostré a Leo cómo escuchar al Señor, y también pude compartir con él algo más que sacudió su mundo. Le dije que yo ya sabía que iba a encontrarme con él ese día en el parque. No sabía que específicamente conocería a un chico llamado Leo, pero tenía la impresión de que iba a cruzarme con alguien a quien le haría bien escuchar que Jesús no se ha olvidado de él y que lo ama.

Le conté a Leo que, mientras conducía hacia el parque, hice una oración sencilla que hago todos los días: "Jesús, ¿me incluirías en lo que estás haciendo hoy?" Llamo a esto la oración "Inclúyeme", y es un Punto de Partida para mostrarle a alguien cómo Hablar con Otros acerca del Señor.

> **Hablar con otros acerca del Señor**
> **Base Bíblica**
> Colosenses 4:2-6
> Mateo 28:18-20
> Hechos 1:8   1 Pedro 3:18

A Jesús le encanta responder a la oración Inclúyeme, porque ha tomado una decisión irrevocable de hacer casi todo lo que hace en el mundo de manera encarnacional, a través de nosotros. Cuando rezo la oración Inclúyeme, estoy diciendo: "Jesús, sé que estás atrayendo a las personas hacia ti. Sé que quieres que sepan cuánto los amas. Realmente me gustaría ser parte de ello."

Universalmente, los buenos padres aman incluir a sus hijos en lo que están haciendo. Cuando mis hijas eran pequeñas, resolví no ir a ningún lado solo los fines de semana. (Aprendí esto de mi padre.) Durante la semana, mi agenda estaba ocupada, pero los sábados tenía más flexibilidad. Era el momento perfecto para mostrarles a mis hijas lo importantes que eran para mí, así que dejé de cazar y jugar golf durante varios años y decidí incluirlas en todo lo que hacía. Con ese fin, un sábado por la mañana, cuando necesitaba ir a la ferretería, llamaba a las niñas desde abajo: "¿Quién quiere ir con papá a Home Depot?" Admito que generalmente endulzaba la oferta deteniéndome en el camino para comprar una dona o una bebida especial en una cafetería. Las niñas sabían esto y, la mayoría de las veces, mi llamado era recibido con un coro de "¡Yo quiero! ¡Yo quiero!" Me ENCANTABA eso... y a ellas también. ¿Por qué disfrutaba tanto pasar tiempo con mis hijas de esa manera? ¿Era porque soy el padre perfecto de una película de Hallmark? Para nada. Disfrutaba incluir a mis hijas en lo que me gustaba hacer porque eso es lo que hacen los buenos padres. Dios Padre es igual—solo que mejor. Le encanta estar con sus hijos y le encanta incluirlos en cosas significativas.

El día que conocí a Leo, le pedí a Dios que me incluyera. Mientras seguía conduciendo hacia el parque, escuché y sentí que Jesús respondía: "Está bien, Kirk, lo haré."

Dios nos dice a través de Pablo en 2 Corintios 5:18 que una de sus principales prioridades es reconciliar al mundo consigo mismo a través de Jesús. Ser reconciliado con el Dios que es Amor es volver a una relación amorosa con él. En el mismo aliento en que Pablo expresa esta prioridad de Dios, también nos dice que Dios quiere incluirnos en esa aventura. Cuando aprendemos a pedirle a Jesús que nos incluya en lo que Él está haciendo, podemos esperar que Él responda esa oración.

Cuando compartí esto con Leo, quedó asombrado. Se sorprendió aún más cuando le pregunté si quería intentar hacer la oración Inclúyeme durante la próxima semana. Estaba maravillado de que Dios ya había estado pensando en él antes de que lo conociera, pero incluso mientras le compartía la historia de fondo, no se le había ocurrido que Jesús podría incluirlo de alguna manera.

Leo inmediatamente trató de complicar la oportunidad. "Realmente no sé qué hacer... o qué decir... o cómo hacerlo." Le expliqué que nada de eso era importante. La oración Inclúyeme depende completamente de Jesús—el Novio—eligiendo incluirte al presentar una oportunidad inconfundible para cuidar a otra persona. Si Jesús nos incluye, entonces lo hace. Si no presenta la oportunidad, entonces no lo hace. Nuestro papel es simplemente pedir y estar listos para responder.

Leo se comprometió a hacer la oración Inclúyeme durante los próximos siete días, y acordamos ponernos en contacto después de eso. Resultó que Leo no pudo esperar tanto tiempo. Solo tres días después de que nos conocimos por primera vez, Leo me envió un mensaje de texto y me pidió que lo llamara tan pronto como pudiera. Inmediatamente me preocupé, sabiendo que Leo estaba trabajando para superar una adicción y podría haber recaído. No podría haber estado más equivocado.

Cuando hablé con Leo por teléfono, estaba extasiado. Así fue la conversación:

"Kirk," dijo, "¿sabes que estoy en Narcóticos Anónimos?"

"Por supuesto," dije, esperando las malas noticias.

"Bueno, he estado rezando la oración Inclúyeme todos los días como dijimos, y hoy... bueno, hoy la líder de nuestro grupo me pidió que compartiera algo para el momento inspirador que inicia cada reunión. ¡Nunca antes me había pedido que compartiera y, tan pronto como me lo pidió, pensé: 'iOh, m....a, esa es la oración Inclúyeme!'"

A pesar del lenguaje vulgar, ¡Leo y yo celebramos cómo Jesús había respondido su oración!... cómo Jesús no lo había olvidado... cómo Jesús estaba dispuesto a incluirlo aunque todavía era un adicto. ¡Fue un momento increíble! Y Leo quedó enganchado. Estaba convencido de que Jesús era real y estaba vivo y que quería conocerlo personalmente.

Yo era el padrino de boda parado justo al lado de Jesús cuando encendió el corazón de Leo.

En cuanto a mí, yo era el padrino de boda parado justo al lado de Jesús cuando encendió el corazón de Leo. No hay otro lugar en el que hubiera preferido estar.

La oración "Inclúyeme" es simplemente un Punto de Partida sencillo que pone a una persona en posición de experimentar a Jesús. Hay muchas otras formas de hacer esto, así que el método en sí no es tan importante. Sin embargo, lo que sí es de vital importancia es que el método debe estar centrado en Jesús... enfocado en nuestro llamado al Reino... y, si queremos que se reproduzca, debemos dejar huellas que otros puedan seguir con facilidad.

PONIENDO A TODOS EN IGUALDAD
DE CONDICIONES

Cuando era niño, el pastor de nuestra iglesia —que, a decir verdad, era mi papá— tenía de vez en cuando una temporada de énfasis en la "evangelización". Hubo una época en la que todos llevábamos puestos unos botones azules que decían: "¡Lo encontré!" La idea era que las personas nos preguntaran qué habíamos encontrado y, por supuesto, la respuesta correcta —como siempre lo es en la iglesia— era: Jesús.

Cada vez que comenzábamos un nuevo énfasis, mi papá o alguien más con una personalidad más grande que la vida, compartía cómo presentar el evangelio a otra persona.

Ahora, para ser claro: estoy totalmente a favor de compartir el evangelio y no creo que hubiera nada malo en esos métodos. Lo que se me hacía difícil era que las personas que enseñaban sobre evangelismo o que subían al escenario a contar sus historias de compartir el evangelio, generalmente parecían ser extrovertidos —personas que podían hablar con cualquiera... personas que nunca conocían a un extraño... ya sabes, ese tipo de persona. Le doy gracias a Dios por ese tipo de personas— pueden reflejar la valentía de Jesús—pero, si tú no eras uno de ellos (quizás eras más introvertido), podrías haberte sentido inadecuado o como un fracaso. Tal vez incluso llegaste a pensar que el evangelismo era para "ese" tipo de personas, pero no para ti.

Seguramente, la alegría de ver a alguien decidir confiar en Jesús no está reservada solo para los extrovertidos; ¿qué pasa con el otro 50% de las personas? Tenía esta sensación persistente de que tenía que haber una manera de nivelar el terreno para que todos pudieran participar. Seguramente tenía que existir una forma de tener conversaciones espirituales sin parecer raro. Y no estaba equivocado.

En algún punto del camino, me encontré con un principio que iguala el campo de juego, llamado Oración-Interés-Compartir. Ahora es uno de mis Puntos de Inicio favoritos. (Estoy seguro de que otros han usado esas palabras antes; no son originales mías). Nuestro equipo ha descubierto que esto abre la puerta para que cada seguidor de Jesús pueda hablar con otros sobre él. Aquí va una historia de cómo me sucedió a mí en Indonesia...

JOJO Y JESÚS

Debbie y yo habíamos estado visitando a un par de nuestros equipos misioneros en Indonesia un verano. Como Indonesia está compuesta por más de 18,000 islas, no es raro tomar vuelos cortos para ir y venir de algunas de las más grandes. Una vez en una isla, el medio principal para moverse es contratar un taxi en scooter. Como con Uber, usas una app para pedir un conductor... quien te da un casco que justo acaba de usar el pasajero anterior... te subes y luego te agarras por tu vida. (Prefiero hacer esto con los ojos cerrados, dependiendo del tráfico y de qué tan agresivo sea mi conductor). Esto, más el calor, más mantener una agenda apretada para aprovechar al máximo nuestro tiempo en el país, nos llevó al agotamiento. Para cuando estaba programado nuestro regreso a EE. UU., estábamos exhaustos. De hecho, yo esperaba con ansias el vuelo de 11 horas para poder descansar, que me atendieran un poco, y tratar de recuperar algo de sueño.

A pesar de estar funcionando con las últimas energías, sabía que quería darle a Jesús esas últimas 11 horas, así que tomé la mano de Debbie una vez que nos sentamos en el avión y oré en voz baja: "Señor Jesús, te damos espacio en este vuelo para incluirnos en lo que sea que estés haciendo."

Creo que Debbie añadió, en broma: "Pero Jesús, también nos gustaría descansar y ver una película." (¡Así es mi chica!)

Nunca me acostumbro a cuánto honra Jesús las oraciones cortas y aparentemente insignificantes. Es bueno recordar que las oraciones breves, incluso débiles, son dirigidas a un Dios poderoso. Y, como era de esperarse, Él se hizo presente.

Debbie y yo estábamos en la sección del medio de una fila de cinco asientos. No pasó mucho tiempo antes de que una mujer bajara por el pasillo, revisara su boleto y tomara el asiento a mi izquierda. Como íbamos a estar sentados a solo unos centímetros de distancia durante 11 horas seguidas, fui cortés y le pregunté: "¿Cómo estás?" A veces las personas responden a esa pregunta con un gruñido o con la respuesta verbal más mínima posible: "Bien, gracias." Eso, más su lenguaje corporal (como si de inmediato se ponen los AirPods), es una señal bastante clara de que son educados y que con gusto te dejarán pasar si necesitas ir al baño, pero no esperes tener una conversación con ellos. (Una parte de mí realmente esperaba eso.) Pero eso no fue lo que pasó.

La mujer respondió con más que el mínimo. "Uf, casi no llego al aeropuerto porque mi taxi se retrasó. Estoy feliz de haber alcanzado el vuelo. Soy JoJo, por cierto," dijo mientras extendía su mano. Yo respondí, "Soy Kirk y esta es mi esposa Debbie." (No quiero poner a Debbie en evidencia, pero... ella dio una respuesta más del tipo mínimo verbal... solo digo.)

JoJo no solo parecía simpática, sino que claramente estaba abierta a conversar. En pocos minutos, supe que JoJo era del estado de Nueva York y que había estado en una gira de yoga de una semana en la isla de Bali. Le respondí que eso sonaba como unas vacaciones terribles. Se rió y comenzó a contarme sobre su semana. Me aseguró que había sido una experiencia increíble, pero que regresaba a Estados Unidos porque su abuelo había tenido un infarto mientras ella estaba fuera. Le pregunté si

¿Estarías de acuerdo si hiciera una oración corta por tu familia ahora mismo?

eran cercanos. La respuesta fue "sí", y JoJo compartió algunas historias sobre la importancia de su abuelo en su vida.

Aunque recién nos habíamos conocido, el pequeño intercambio entre nosotros ya había superado la típica cortesía entre desconocidos en un avión. Ella compartió una preocupación sobre algo importante para ella. Yo demostré que realmente me importaba escuchándola con atención y de forma activa. Ese contexto me hizo sentir cómodo, e incluso me impulsó a decir: "JoJo, lamento mucho lo de la salud de tu abuelo. Sé que eso es importante para ti. Y creo que también es importante para Dios. ¿Estarías de acuerdo si hiciera una oración corta por tu familia ahora mismo?"

Esto no fue ser insistente ni tratar de "forzar" algo. Fue simplemente seguir el paso de Jesús mientras Él me incluía en la vida de JoJo. La respuesta de JoJo fue una clara evidencia de esto, ya que sus ojos se llenaron un poco de lágrimas y dijo: "Gracias, Kirk, realmente me gustaría eso."

Y entonces oré. Nada elocuente ni largo, solo una oración corta y sencilla al Dios del Universo, agradeciéndole por cuidar de la familia de JoJo y pidiéndole que le recordara cuánto vale para Él.

Después de decir "Amén", le dije: "JoJo, hubo un tiempo en mi vida cuando a nuestra hija mayor le diagnosticaron un trastorno en los ojos. No sabíamos si era cáncer u otra cosa. No teníamos idea de cuán grave era. Pero leímos en la Biblia que Dios dice que Él es un escudo alrededor de quienes confían en Él.[22] Debbie y yo llevamos nuestra preocupación a Jesús y le dijimos que íbamos a confiarle a nuestra hija. Ella está bien

---

22 Salmo 3

98

ahora, pero incluso antes de saber cuál sería el diagnóstico, sentimos una paz y una presencia de Dios muy clara. ¿Alguna vez has experimentado algo así?" (Este es un Punto de Partida que llamamos el Testimonio de 15 segundos.)

JoJo, que me había estado escuchando atentamente, tenía ahora unas cuantas lágrimas más en sus ojos mientras respondía: "No, pero creo que es exactamente lo que estoy buscando."

Hay más en la historia de JoJo que compartiré en un momento, pero déjame hacer una pausa y tomar perspectiva desde un enfoque de hacer discípulos que sea reproducible. Aquí tienes un resumen en viñetas de lo que ha sucedido hasta este punto:

- Hice la **oración** "Inclúyeme", dándole a Jesús espacio para incluirnos a Debbie y a mí de la manera que Él quisiera.
- Me **interesé** por la persona desconocida a mi lado, al inicio simplemente preguntando: "¿Cómo estás?"—un saludo completamente apropiado que no requiere una gran valentía. (Buena noticia para los introvertidos, ¿cierto?)
- JoJo respondió de una manera que solo requirió una respuesta sencilla de mi parte, lo que llevó a una conversación que no forcé ni fabriqué.
- Durante nuestra conversación, mostré **interés** escuchando y haciendo preguntas de seguimiento. (Por cierto, eso también son simplemente buenas habilidades sociales.)
- En algún momento, JoJo **compartió** una preocupación en su vida.

- Expresé mis condolencias (**interés**) y le pregunté si podía orar por ella.
- Después de orar, **compartí** un testimonio súper breve de 15 segundos, una historia de cómo Jesús hizo una diferencia en mi vida cuando yo tenía una preocupación familiar.
- Le pregunté a JoJo si ella había experimentado algo parecido en su propia vida

Es importante notar que no estaba tratando de forzar la conversación hacia algún lugar, solo estaba caminando al paso del Espíritu Santo. Si la conversación no hubiera pasado de mi saludo inicial, habría estado bien—la saludé en obediencia y por amor a Jesús.

Si ella me hubiera contado sobre su abuelo, pero hubiera rechazado amablemente mi oferta de oración, tampoco habría problema. Mi meta no era llevar a JoJo a un punto de decisión. Mi meta era mantenerme al paso del Espíritu Santo. Esto siempre es un éxito para mí: mantenerme al paso del Espíritu Santo y no ir más allá de lo que Él me guía. Este es el secreto de que el yugo sea fácil y la carga ligera, y también es el secreto para disfrutar y seguir a Jesús.

Pero en este caso, el Espíritu Santo nos estaba llevando más lejos. Volvamos a la historia...

JOJO Y JESÚS PARTE II

JoJo expresó interés en saber más sobre cómo experimentar a Dios. Así que le dije:

Alguien me compartió una imagen que me ayudó a entender cuánto me ama Dios. ¿Puedo compartírtela?

Ella estaba abierta y curiosa con la idea, así que, en una servilleta de United Airlines, dibujé una imagen que representaba nuestra separación de Dios y cómo la muerte y resurrección de Jesús crean un puente que nos reconcilia con Él.[23]

Cuando terminé el dibujo, mostraba a una persona en el lado izquierdo que había sido reconciliada con Dios, y a otra persona en el lado derecho aún separada de Dios. —¿Dónde crees que estás tú en este dibujo, JoJo? —le pregunté.

—Soy esta persona —respondió, señalando a la figura del lado derecho—. Pero me gustaría estar aquí —añadió, apuntando a la figura reconciliada con Dios.

Después de conversar un poco más sobre el dibujo, JoJo expresó su deseo de seguir a Jesús y, con un poco de guía, hizo exactamente eso. Pero la emoción no terminó ahí…

Le compartí a JoJo que Jesús una vez contó una historia que ilustra cómo cuida de aquellos que confían en Él y lo aman, y lo que pueden esperar de Él.

—Como Jesús estaba hablando con un grupo de gente del campo, se comparó con un pastor, y a quienes confían en Él, con ovejas —le expliqué—.

—Y así como las ovejas reconocen la voz de su pastor, Jesús dijo que sus ovejas pueden oír su voz y lo siguen.[24]

Entonces sorprendí un poco a JoJo al preguntarle si quería escuchar para ver si Jesús tenía algo que decirle en ese momento. Aunque no se lo esperaba, estuvo dispuesta a intentarlo. ¿Y adivina qué hicimos?

---

23 Aunque probablemente hayas visto una imagen similar a la que menciono, todas las versiones que he visto son ligeramente diferentes. Puedes encontrar un video de la ilustración del puente en DiscipleMakingThreads.com.

24 Juan 10:27 es la historia que Jesús contó, pero el principio se expresa en muchos otros lugares de la Biblia como ya he mostrado.

Exactamente lo mismo que Leo y yo habíamos hecho... un EBD en Lucas 19 sobre Zaqueo... y luego, en el reverso de la servilleta del evangelio, le pedí que escribiera: "JoJo, quiero que sepas..."

¿Y qué le dijo Jesús a JoJo?

"JoJo, quiero que sepas que eres mucho más dura contigo misma de lo que yo soy. Te amo."

Al igual que Leo, JoJo había escuchado algo que jamás habría salido de su mente por sí sola. Pero ella quería saber: ¿Realmente era Jesús quien le había hablado?

En lugar de asegurarle que sí lo era, como un buen padrino de boda, la dirigí de nuevo a la interacción entre Jesús y Zaqueo. —A menudo me condeno a mí misma de la misma forma en que la multitud criticó a Jesús por comer con *Zatqueo* —dijo, sin haber dominado aún la pronunciación correcta.

Respondí con entusiasmo: —¡Sí! ¡Eso encaja con lo que Jesús te dijo! Jesús no estaba criticando a Zaqueo, y tampoco te estaba criticando a ti. Él quería que ambos lo supieran.

¡Todo esto ocurrió en los primeros 30 minutos de nuestro vuelo de 11 horas! Jesús siempre es generoso cuando nuestro corazón está calibrado con su pasión por hacer discípulos, pero a veces es *extra* generoso.

A TRAVÉS DEL LENTE DE ORACIÓN-INTERÉS-COMPARTIR

Si miras mi conversación con JoJo a través de la lente de Oración-Interés-Compartir, verás un patrón que es fácil de reproducir:

Oración

- Oración de "Inclúyeme": Oré esto mientras subía al avión.

Care

- Iniciar: Saludé a JoJo de una manera normal y nada extraña.
- Escuchar: Demostré que me interesaba al escucharla hablar de su abuelo.
- Con Leo usé la pregunta de El Milagro.

Compartir—Aquí hay algunas cosas que compartí:

- Oración—Le pregunté a JoJo si podía orar por su situación.
- Mi historia—Compartí un testimonio de 15 segundos (Continué preguntándole a JoJo si alguna vez había experimentado algo parecido a mi experiencia con Jesús.)
- La historia de Dios: La imagen del Evangelio en la servilleta.
- (Terminé preguntándole a JoJo qué figura de palo representaba dónde estaba ella en relación con Dios.)

Lo que más me asombra de este Punto de Partida es cómo nivela el terreno, permitiendo que Jesús le dé a personas con diferentes personalidades una historia del Reino.

Como comienza con la oración "Inclúyeme", depende completamente de que Dios realmente nos incluya en lo que Él está haciendo. Durante años, tanto extrovertidos como introvertidos han venido a mí entusiasmados por compartir su historia de cómo Dios los incluyó.

EL MAPA DE OIKOS

Otro Punto de Partida simple pero poderoso es el Mapa de Oikos. Es una forma visual y sencilla de iluminar a las personas dentro de tu esfera de influencia. Estas son personas con quienes te relacionas en las actividades normales de la vida: tus vecinos, tus compañeros de trabajo, tus amigos, la barista de tu cafetería habitual, los otros clientes frecuentes o el padre o madre que se sienta junto a ti en los partidos de fútbol de tu hijo. Todos ellos forman parte de tu *oikos*. Estas son las personas en cuyas vidas es más probable que Jesús te incluya.

La imagen de abajo muestra un ejemplo de un Mapa Oikos. Una vez que hayas creado uno para ti, comienza con un poco de Oración-Interés-Compartir para darle espacio a Jesús en estas relaciones. Pídele que te incluya como Él quiera. Comprométete a estar dispuesto cuando se presente la oportunidad.

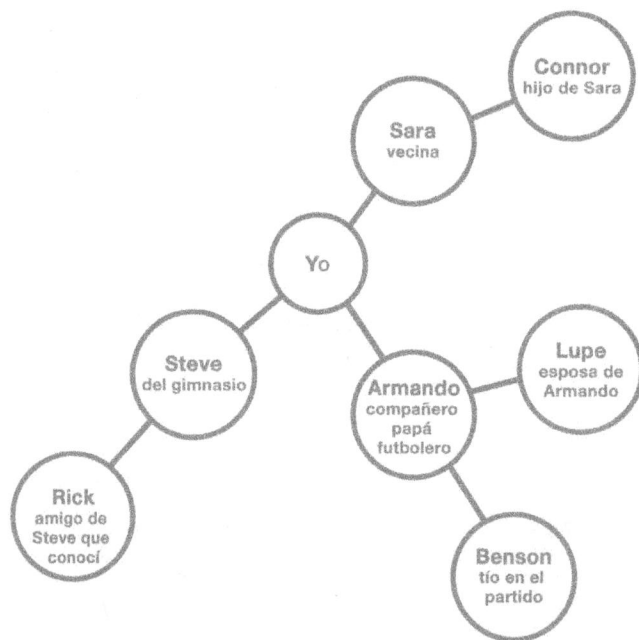

Puedo casi garantizar que si una persona emplea esta estrategia durante 30 días, va a experimentar cómo Jesús la incluye, y cuando eso suceda, quedará enganchada.

Recuerda, hacer discípulos se trata de aprender a disfrutar y seguir a Jesús juntos, de maneras que podamos mostrar a otros. Se supone que debe incluir momentos divertidos como estos.

Aquí están los Puntos de Partida para Hablar con Otros sobre el Señor, junto con las otras Experiencias Fundamentales:

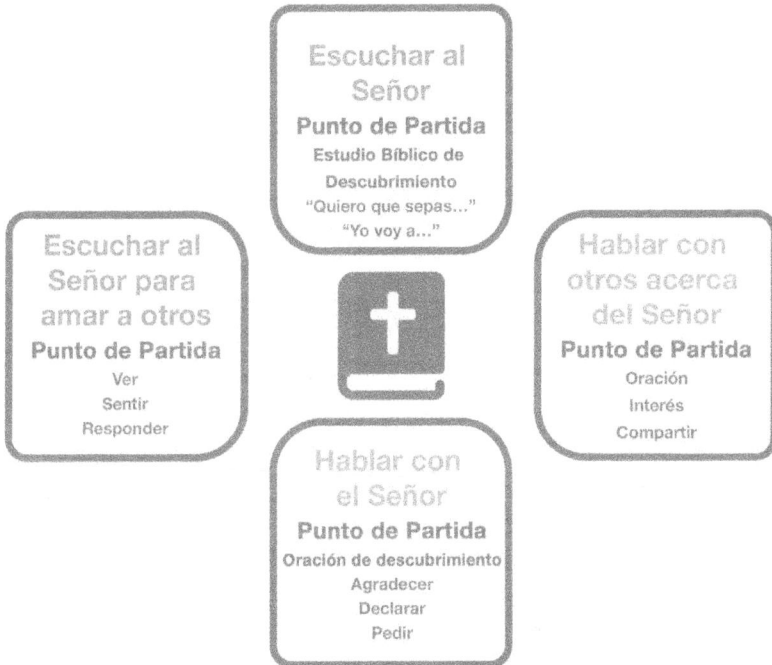

Escuchar al Señor
Punto de Partida
Estudio Bíblico de Descubrimiento
"Quiero que sepas..."
"Yo voy a..."

Escuchar al Señor para amar a otros
Punto de Partida
Ver
Sentir
Responder

Hablar con otros acerca del Señor
Punto de Partida
Oración
Interés
Compartir

Hablar con el Señor
Punto de Partida
Oración de descubrimiento
Agradecer
Declarar
Pedir

CAPÍTULO 11

ESCUCHAR AL SEÑOR PARA SER LIBRE

"LOS MÉTODOS CAMBIAN NECESARIAMENTE CON EL TIEMPO. LOS VALORES NUNCA LO HACEN."

Si el objetivo de hacer discípulos incluye disfrutar y seguir a Jesús, entonces puedes estar seguro de que nuestro enemigo espiritual va a intentar oponerse a eso de todas las formas posibles.

Una vez, cuando estaba enseñando una serie durante varias semanas sobre el Corazón de Padre de Dios, me di cuenta de que esta verdad estaba tocando profundamente a las personas presentes. Pero al final de la serie, una mujer me apartó con lágrimas en los ojos. Me da un poco de vergüenza decirlo, pero esperaba que me expresara lo agradecida que estaba por la enseñanza. En cambio, me dijo que había sido la serie más difícil de soportar en toda su vida. Escuchar cada mensaje era doloroso, y le había costado muchísimo no salir en medio de cada uno y, con la misma dificultad, volver el domingo siguiente. Esto fue totalmente inesperado; me dejó atónito.

¿El problema? Cada vez que yo hablaba de Dios como Padre, se removían los recuerdos del fracaso y el abuso emocional por parte de su padre terrenal. Las heridas del pasado estaban llenando su presente de una manera dolorosa, impidiéndole disfrutar de Dios tal como Él se ha descrito a sí mismo.

Ella compartió que su padre terrenal la había menospreciado y denigrado. "¡No vales nada! ¡Ningún hombre jamás te va a querer!"… y otras mentiras horribles. Estos comentarios duros y descuidados de su padre se habían enquistado en su corazón desde la infancia y florecido en un jardín mortal de creencias impías sobre sí misma, que ella proyectaba sobre Dios Padre. ¡Con razón mi serie le resultaba tan dolorosa! Pero había más.

No sorprende que, al crecer con estas heridas y creencias impías, no solo se viera afectada su percepción de Dios y de sí misma, sino también sus decisiones personales. Al sentirse sin valor durante años, había buscado lo que el mundo le prometía que le daría valor. ¿El resultado? Vergüenza, culpa, arrepentimiento y todo el fruto del pecado—todo lo cual eran como piedras enormes en su camino, alejándola de Dios.

La historia de esta mujer refleja tres de los obstáculos más universales que impiden a una persona disfrutar y seguir a Jesús:

- Heridas
- Creencias impías
- Pecado

Nuestro enemigo espiritual nunca deja de intentar usar estos tres —y otros— en nuestra contra. Su objetivo es robar nuestra libertad y hacer todo lo posible para que nos sintamos indignos, culpables y alejados de Dios.

Desde el momento en que nacemos hasta el momento en que vamos

Estamos en una batalla contra un enemigo despiadado.

a estar con Jesús, nuestro enemigo no deja de atacar. Estamos en una batalla contra un enemigo despiadado, pero la Palabra de Dios nos dice que, por la sangre de Jesús, tenemos armas aún más poderosas que podemos usar para vencer el poder de las heridas, las creencias impías y el pecado. Estas armas se expresan en palabras que son familiares para la mayoría de los cristianos que asisten a la iglesia y, sin embargo, temo que esa familiaridad ha llevado a muchos a pasarlas por alto, descartando la poderosa fuerza espiritual para el bien que cada una de ellas aporta a la batalla por la libertad.

Aquí están:[25]

ATAQUE	ARMA ESPIRITUAL
Heridas	Perdonar y bendecir
Creencias impías	Renunciar y recibir
Pecado	Confesar y arrepentirse

LIBERTAD DE LAS HERIDAS

Cuando reconocemos nuestra herida en lugar de ocultarla o negarla, la presentamos ante Jesús como un niño corre hacia su padre cuando se ha lastimado. Al escuchar a Jesús, él nos da su perspectiva y toma suavemente la herida de nuestras manos. Nuestra declaración de perdón no es tanto un regalo que le damos a la persona que nos hirió, sino más bien un ungüento que el Espíritu Santo nos ayuda a aplicar en el lugar herido de nuestro propio corazón. El perdón, en este sentido, no es para la otra persona, es para nosotros mismos, y es tanto poderoso como eficaz.

25 Tomados de FreedomPrayer.org.

LIBERTAD DE LAS CREENCIAS IMPÍAS

Aunque la mujer cuya historia compartí anteriormente sabía, en cierto nivel, que "Dios me ama", a un nivel más profundo creía algo que no era verdad: "No soy digna de amor". Lo que más profundamente creemos es lo que forma nuestra realidad.

> **Perdón no es tanto un regalo que le damos a la persona que nos hirió, sino más bien un ungüento que el Espíritu Santo nos ayuda a aplicar en el lugar herido de nuestro propio corazón.**

A menudo, la creencia impía que ha echado raíces en nosotros proviene de una mentira que alguien nos dijo, como cuando el padre de la mujer le dijo que no valía nada. Otras veces, llegamos a creer cosas que no son verdad como resultado de una decepción, un corazón roto o incluso una serie de éxitos. Nuestro enemigo aprovechará cualquier cosa que esté en oposición a lo que Dios dice que es verdad.

Cuando identificamos la mentira que estamos creyendo, podemos confrontarla con la verdad de Dios. Renunciamos a lo que no es verdad, soltamos nuestro agarre sobre ello, y recibimos lo que el Espíritu Santo dice que es verdad y consistente con la Palabra de Dios.

La única manera de destruir una mentira es con la verdad. Cuando declaramos nuestra fe en la verdad, estamos ejerciendo la autoridad espiritual que tenemos en Jesús. El proceso no es complicado, pero no dejes que su simplicidad te impida ver la poderosa realidad: la Verdad de Dios derrota las mentiras del enemigo.

LIBERTAD DEL PECADO

Imagina que estás en una caminata nocturna. Llevas una mochila y has sido cuidadoso al llenarla solo con cosas necesarias para la travesía. Sin embargo, a medida que caminas por el sendero, comienzas a recoger piedras y las metes en tu mochila. No son útiles, son pesadas. No mejoran tu viaje, lo hacen más difícil. Solo son peso extra, agotando tu energía mientras subes la montaña. Eso es el pecado.

No importa cuán atractivo o placentero algo parezca para nuestros sentidos físicos o necesidades emocionales percibidas, el pecado nos sobrecarga con remordimiento, culpa y vergüenza, todo lo cual nos impide disfrutar y seguir a Jesús.

Jesús sabe que luchamos contra el pecado. Para definirlo de forma sencilla, entiende el pecado como el deseo de no confiar en Jesús y en su lugar seguir nuestro propio camino. Su muerte y resurrección lograron al menos tres cosas respecto al pecado:

- Jesús rompe la maldición del pecado, haciéndonos aceptables ante Dios.[26]
- Jesús nos da el poder para resistir el pecado por medio del Espíritu Santo.[27]
- Jesús nos da un camino para volver a seguirlo cuando pecamos.[28]

Cuando un seguidor de Cristo sabe que debe correr hacia Jesús con su pecado, confesarlo y luego arrepentirse—alinear su forma de pensar respecto al pecado con la de Jesús—entonces se obtiene la libertad.

Es cierto que muchas veces hacemos un desastre con nuestras vidas.

26 2 Corintios 5:21
27 1 Juan 4:4
28 1 Juan 1:9

Podemos enredarnos, capa tras capa, con pecado sobre pecado. A veces, el nudo de ese enredo tiene tantos lazos o se ha apretado tanto con el tiempo que el camino hacia la libertad requiere más esfuerzo, pero en última instancia, la libertad se basa en la obra terminada de Cristo y en los principios fundamentales que he descrito en este capítulo. Por eso, cuando enseñamos a las personas cómo obtener y proteger la libertad espiritual, las estamos equipando para enfrentar todo lo que el enemigo les lance. Para una guía básica, paso a paso, sobre cómo utilizar estas armas de libertad, consulta el Apéndice de este libro.

También te animo encarecidamente a leer el libro de Jennifer Barnett, *First Freedoms,* que te ayudará a ganar la batalla contra las estrategias del enemigo y a sanar heridas emocionales. Otro libro poderoso es *Freedom Tools,*[29] de Andy Reese y Jennifer Barnett. Su libro es la guía más eficaz que conozco para entrenar a un equipo ministerial en ayudar a otros a recibir y mantener la libertad espiritual. Su sitio web (FreedomPrayer.org) está lleno de excelentes recursos y te conectará con personas que aman ayudar a pastores y líderes a crear una cultura de libertad espiritual en su iglesia.

---

29 Barnett, Jennifer (2021). First Freedoms. Brentwood, TN: Him Publications.

CAPÍTULO 12

EL PODER DE DEJAR HUELLAS

"SI APRENDEMOS A DEJAR HUELLAS PARA QUE OTROS LAS SIGAN, JESÚS NOS DARÁ UN ÁRBOL GENEALÓGICO ESPIRITUAL QUE CELEBRAREMOS EN EL CIELO PARA SIEMPRE."

Solo nos quedaba como una hora de luz, pero las 7:00 p.m. era prácticamente el único momento en que podíamos tener un respiro del calor del verano en Texas. Ese era el momento en que mi papá me llevaba a pescar. Íbamos en coche hasta un estanque de unas tres acres que quedaba a unos 10 minutos de nuestra casa. Papá se estacionaba cerca de uno de los mejores puntos de pesca y sacábamos nuestro equipo de la parte trasera de nuestra camioneta con paneles de madera (otra vez, pregúntale a tu abuela). Ahí fue donde aprendí a pescar.

Ahí fue donde mi papá me enseñó cómo atar un nudo para que el anzuelo no se soltara… cómo lanzar la caña (y desenredar la línea)… cómo recoger el señuelo (con un pequeño tirón de vez en cuando)… cómo jalar la línea rápidamente cuando sentía que un pez picaba… y, por supuesto, cómo quitar el anzuelo al pez para poder devolverlo al agua y pescarlo otro día. (Aprender una habilidad práctica como esa es un gran impulso de confianza para un niño o una niña.)

La pesca tiene mucho más que lo que acabo de describir, pero sabes que si no tienes dominados estos conceptos básicos, no estás pescando realmente. Por otro lado, una vez que entiendes el cómo y el porqué de estos Puntos de Partida, se abre ante ti todo un mundo de pesca. Siempre que tengas tu equipo a la mano, puedes disfrutar de la pesca donde sea que estés.

LOS FUNDAMENTOS DE DISFRUTAR A JESÚS

Una vez que una persona sabe cómo escuchar y hablar con Jesús, cómo escucharlo para amar a otros y cómo hablar con otros acerca de Él, se abre ante ella todo un mundo de aventuras espirituales con Jesús.

¿Necesita más que solo estas Experiencias Fundamentales? Por supuesto que sí, pero si no tiene estas cuatro, es mucho más probable que caiga en el esfuerzo humano y en tratar de hacerlo todo por su cuenta, o peor aún... que se vuelva religiosa.

Pero con estas cuatro—y un entendimiento básico de cómo estudiar la Biblia—se vuelven imparables. ¡Jesús se convierte en su discipulador personal! Y mientras sigan siguiéndolo, seguirán disfrutándolo... y si aprenden cómo dejar huellas para que otros las sigan, Jesús les dará un árbol genealógico espiritual que celebrarán por la eternidad en el cielo. Todo esto comienza con experimentar a Jesús de cuatro maneras que reflejan todas las relaciones humanas. Formar discípulos no es ciencia espacial, es relación.

¡Jesús se convierte en su discipulador personal!

Estuve en una boda hace apenas unas semanas. El lugar era un granero blanco precioso, ubicado sobre una alfombra de pasto verde intenso y rodeado de robles vivos de 50 años. Lo mejor de todo... el granero tenía aire acondicionado, lo cual es esencial para las bodas en junio en Texas. La boda estuvo llena de vida y alegría, y todo el honor fue dirigido a Jesús. Fue verdaderamente una de las bodas más especiales a las que he asistido. Tan pronto como se intercambiaron los votos y se compartieron todas las exhortaciones especiales, esta dulce pareja fue declarada esposo y esposa ante los aplausos atronadores de todos sus familiares y amigos. Pero... los aplausos no fueron lo único que tronó. Apenas la pareja salió del lugar, una tormenta comenzó a soltar cubetadas de lluvia, acompañadas de truenos y un espectáculo de relámpagos típico del centro de Texas.

Esto no habría sido un problema si no se hubiera ido la luz en el granero. En un instante, las luces y el aire acondicionado desaparecieron. También se desvaneció la posibilidad de que el DJ anunciara a los novios o de que se tocara la canción especial para el primer baile. También se apagó el letrero de neón que habían preparado con los nombres de los novios. Uno no se da cuenta de cuánto depende de la electricidad... hasta que ya no la tiene, y ahora definitivamente no la teníamos.

Sin duda, hubo una decepción inicial y algunas lágrimas de parte de los novios, pero esa decepción fue opacada y pronto reemplazada por una realidad aún más grande: ¡Estamos casados! Con la ayuda de algunas velas y unos invitados increíblemente buena onda, el granero se llenó de risas, historias e incluso un poco de baile (después de que alguien trajo un pequeño generador).

Sí, meses de planificación se echaron a perder, pero al final no importó. ¿Por qué? Porque en una boda, lo único que importa es que la novia esté con el novio. Así también es en el discipulado.

CAPÍTULO 13

C.A.S.A.
UN FORMATO SENCILLO
PARA HACER DISCÍPULOS

"NUESTRO OBJETIVO NO ES TANTO CUBRIR EL CONTENIDO COMO EXPERIMENTAR A JESÚS."

Una de las preguntas más comunes que me hacen es: "¿Qué plan de estudios debo usar para mi grupo de discipulado?" Habiendo llegado hasta aquí, espero que ahora veas que esa no es una pregunta tan importante como quizás pensabas antes.

Dado que toda la Escritura es útil para enseñar, corregir, reprender e instruir en justicia[30] y porque el Espíritu Santo es el Gran Discipulador, realmente no necesitas un plan de estudios. Puedes confiar en que el Espíritu Santo usará su Espada.

Si quieres caminar por el evangelio de Juan, ¡hazlo! Si prefieres un enfoque temático para experimentar a Jesús a través de los fundamentos de la fe, eso también es una excelente opción. Recuerda, nuestro objetivo no es tanto cubrir contenido, sino experimentar a Jesús, dándole espacio

---

30 2 Timoteo 3:16

para encontrarse con nosotros.

Dicho esto, es importante acercarse a una reunión de discipulado con un proceso simple y reproducible, uno que se base en los Tres Valores.

Hay muchos formatos para las reuniones de discipulado. Cualquiera que utilices, puedes integrar fácilmente las Experiencias Fundamentales en la parte del estudio bíblico. Uno de los formatos que más me gusta fue creado por mi amigo de muchos años, Shawn Sullivan. Se ve así:

- **C**elebración
- **A**sumir responsabilidad
- **S**aberlo, aprenderlo
- **A**plicarlo, vivirlo[31]

La **Celebración** es un momento para expresar gratitud. Es la manera en que entramos por sus puertas con acción de gracias. ¿Por qué estás agradecido? ¿Qué está celebrando Jesús en tu vida? Alguien comparte una historia de oración "Inclúyeme" o una interacción con alguien en su Mapa de Oikos. Tal vez la fidelidad de Dios se manifestó en la vida de sus hijos esa semana al contestar una oración, y eso se celebra con el grupo de discipulado. Otras veces compartimos lo que Jesús hizo en nosotros, a través de nosotros o a nuestro alrededor.

La parte de **Asumir Responsabilidad** puede enfocarse en asuntos del corazón, pureza o compromisos con disciplinas espirituales. (Aquí es donde pueden salir a la luz temas de libertad.[32]) Este también es el momento perfecto para compartir cómo obedecimos a Jesús al cumplir con nuestra declaración "Yo voy a…" o nuestro paso de obediencia. La idea de la responsabilidad no es atrapar a alguien fallando, sino animarlo

---

31 ¡Espero que Shawn escriba un libro sobre esto, ¡y lo estoy animando a que lo haga!
32 Consultar el Capítulo 11.

y afirmar su obediencia.

Es en la parte de **Saberlo, aprenderlo**, donde planeamos integrar las Experiencias Fundamentales (una por reunión). Hacemos un EBD y luego encontramos a Jesús a través de una de las Experiencias. Este contexto proporciona la oportunidad más constante para mostrar a otros cómo practicar por sí mismos las Experiencias Fundamentales. Crecer en todas ellas a lo largo de semanas y meses construye confianza en que Jesús siempre se hace presente y enciende en nosotros el deseo de hacer este trabajo de discipulado con otros.

La sección de **Aplicarlo, vivirlo** es cuando escuchamos para formar una declaración de "Yo voy a…". Escuchar regularmente al Señor dirigir nuestro próximo paso de obediencia y tener a alguien que celebre con nosotros o nos anime la siguiente semana puede cambiar vidas, como bien sabe cualquiera que haya estado en una relación de discipulado de vida a vida. Escuchar al Señor invitarnos a abrazar una verdad, hacer algo específico o cambiar una conducta es totalmente diferente a simplemente sacar nuestras propias conclusiones o "aplicaciones personales" de un estudio bíblico. Al concluir cada EBD pidiendo al Señor nuestro paso de obediencia, el Espíritu Santo se convierte en nuestro maestro y consejero. (¡Él es un discipulador mucho mejor que yo!)

Si nos saltamos el paso de obediencia o acción, perdemos la transformación que viene de seguir a Jesús y el impacto de nuestro grupo de discipulado podría no ir más allá de una conversación estimulante en torno a la Biblia. Intenta modelar este

> **Si nos saltamos el paso de obediencia o acción, perdemos la transformación que viene de seguir a Jesús.**

formato de manera consistente en algunas reuniones, pero luego, tan pronto como sea posible, pide a alguien del grupo que dirija la siguiente semana. De esta forma, los discípulos se convierten en hacedores de discípulos a lo largo del camino.

CONCLUYENDO PARTE I

Más importante aún, para ser un hacedor de discípulos eficaz, debes estar disfrutando y siguiendo personalmente a Jesús. Es muy difícil— quizás incluso imposible—guiar a alguien por un camino que tú mismo no has recorrido.

En Estados Unidos, a menudo celebramos las cosas equivocadas.

> **Para ser un hacedor de discípulos eficaz, debes estar disfrutando y siguiendo personalmente a Jesús.**

Podemos honrar a alguien que ha leído la Biblia varias veces, que ha asistido a muchos estudios bíblicos o sermones durante años, o que ha ido a todas las conferencias cristianas de moda, pero Jesús tiene mucho más para nosotros que solo información. Jesús quiere que lo conozcas mejor.[33] Quiere que vivas una vida abundante, no solo que hables de ella.[34] Permanece arraigado en la preciosa Palabra de Dios, y al mismo tiempo obedécela acercándote más a la relación personal que Jesús te ofrece.

Ya lo dije antes, pero quiero que lo escuches otra vez: La encarnación no fue una táctica engañosa. Jesús no vino a acercarse a nosotros, a darnos a conocer a Dios de manera personal, a morir en la cruz y

---

33 Efesios 1:17
34 Juan 10:10

Él vino a cerrar la brecha entre nosotros para siempre. La vida eterna ya ha comenzado para quienes hemos puesto nuestra fe en Él.[35] Dile "¡Sí!" a Él, escúchalo y síguelo, háblale y disfrútalo.

Cuando lo hagas, confiarás más en Él. Serás más valiente. Hablarás menos y escucharás más. Llevarás contigo el aroma de Jesús porque has estado con Jesús.

Te sorprenderás discipulando a otros de manera natural, incluso sin proponértelo. A veces será espontáneo e informal. Las conversaciones con las personas tomarán un rumbo más espiritual, no porque te estés esforzando más, sino porque Jesús te está incluyendo. Porque sabes que eres parte del cortejo nupcial del Cordero, irás más directamente a Jesús cuando alguien se acerque a ti con un problema o en busca de consejo. La intimidad personal que compartes con Jesús se desbordará hacia cada parte de tu vida.

Cuando te comprometes a hacer discípulos invirtiendo intencionalmente en la vida de otros, mostrándoles cómo integrar las Experiencias Fundamentales en sus vidas y en las vidas de otros, te convertirás en un padre o madre espiritual con un árbol genealógico de hacedores de discípulos que impactará generaciones y producirá fruto que durará para la eternidad.

¡Hacer discípulos es una manera maravillosa de vivir la vida!

---

35 Juan 17:3

121

PARA PASTORES Y LÍDERES MINISTERIALES

¿Cómo se vería si todos en tu iglesia supieran cómo disfrutar y seguir a Jesús? ¿Qué tan poderosa sería tu iglesia si todos estuvieran creciendo en su capacidad de:

- Escuchar al Señor.[36]
- Hablar con el Señor.
- Escuchar al Señor para amar a otros.
- Hablar con otros acerca del Señor.

Imagina si los niños fueran criados por padres que se ven a sí mismos como los principales hacedores de discípulos en la vida de sus hijos. ¿Puedes visualizar la salud y el impacto de una iglesia donde estas Experiencias Fundamentales estuvieran tejidas como un hilo común a través de cada ministerio? ¿Y si cada ministerio estuviera diseñado para dar a cada persona un impulso en la misma dirección—una dirección que llevara a la novia a experimentar al Novio?

---

36 Si la idea de escuchar al Señor te parece nueva o te sientes inseguro al respecto, lee la sección del Apéndice titulada: Más sobre escuchar al Señor.

Como líder, sueñas con esto. Cuando entretejes de forma consistente los hilos del discipulado en el tejido de tu iglesia, se convierte en realidad. Te lo digo por experiencia personal: es maravilloso ser parte de una iglesia que avanza en esa dirección, llena de personas que están más cautivadas por Jesús que por su pastor.

También te puedo decir que ese paradigma requirió un cambio significativo de corazón en mí y en los líderes de nuestra iglesia.

CAPÍTULO 14

ROMPIENDO MI ADICCIÓN AL DOMINGO POR LA MAÑANA

Jesús siempre usaba parábolas e imágenes para transmitir su mensaje. Utilizaba la familiaridad del público con los pastores y las ovejas o con la pesca, aprovechando su imaginación dada por Dios para pintar un cuadro en el lienzo de sus mentes. Creo que Él todavía disfruta hacer eso, si estamos dispuestos a quedarnos quietos y esperar.

Una mañana, hace años, después de haber pasado un tiempo en la Palabra y haber escrito algunos pensamientos en mi diario, dejé el bolígrafo y me quedé esperando. Le estaba dando espacio al Señor para hablar, simplemente estando quieto y en silencio. El Señor respondió trayendo una imagen a mi mente (en realidad, era más como un video).

En esa imagen, yo estaba de pie en el escenario del edificio de la iglesia donde soy pastor. Tenía el brazo alrededor de un joven que recientemente había puesto su fe en Jesús, y le preguntaba a la congregación: "¿Hay alguien aquí que pueda discipular a este joven hasta el punto en que él pueda discipular a alguien más?" Nadie levantó la mano.

Me sentí aliviado de que esto fuera una imagen espiritual y no la realidad, pero también sentí, sin lugar a dudas, que era un retrato real

125

de nuestra iglesia: nadie (o muy pocos) sabían cómo hacer discípulos que hicieran discípulos. En ese momento sentí la convicción de Jesús. No me estaba condenando ni sacudiendo la cabeza en señal de decepción, pero sabía en lo profundo que me estaba diciendo: "Kirk, lo que estás haciendo no va a lograr lo que mandé en la Gran Comisión. Quiero que hagas discípulos que hagan discípulos."

Aunque esto suena como un llamado que debí haber abrazado antes de convertirme en pastor—y siendo sincero, pensaba que ya estaba haciendo discípulos—la realidad es que era un padrino de bodas que amaba estar en medio del pasillo. Tenía una adicción al domingo por la mañana.

Era un padrino de bodas que amaba estar en medio del pasillo.

Esto no quiere decir que nuestra iglesia no estuviera comprometida con esfuerzos ministeriales más allá del domingo por la mañana. Al contrario, regularmente más del 20% de nuestros adultos participaban cada año en actividades misioneras tanto locales como globales... el 87% de los asistentes dominicales también participaban en un Grupo de Vida entre semana... teníamos la meta financiera de invertir el 30% de cada dólar en misiones fuera de nuestra iglesia. Mucha gente pensaba que lo estábamos haciendo de maravilla.

Amaba a nuestro equipo y el gran trabajo que estaban haciendo, pero a medida que crecíamos en número y en otros aspectos, me di cuenta de que mi corazón y mi identidad se habían apegado al domingo por la mañana. (¿Puedes identificarte con eso?)

Para ser completamente honesto, si hubieras mirado la balanza de mi corazón, todas las demás cosas que iban "bien" no podían contrarrestar la preocupación o el sentido de insuficiencia que sentía si nuestras reuniones dominicales no cumplían mis expectativas. Si no venían más personas y no estábamos creciendo al ritmo que "necesitaba" para saciar mi adicción, luchaba con sentimientos de fracaso. (¡Uf! ¿Quién querría seguir a alguien en ese estado? Yo no lo haría.)

Subconscientemente creía que si podía predicar mejor—con más claridad o más pasión—entonces la gente querría tomar su cruz y seguir a Jesús. Afortunadamente, Jesús, generoso, captó mi atención: "Kirk, tu trabajo es hacer discípulos que hagan discípulos."

LA MISERICORDIA SEVERA DE DIOS

En la visión que acabo de describir, Jesús estaba expresando lo que yo llamo su misericordia severa. No quería ver la visión que Jesús me mostró, pero mi alma necesitaba desesperadamente verla. En su gran misericordia, me estaba compartiendo una verdad difícil porque ama demasiado a su Novia como para dejarla caminar por un camino que lleva a algo menos que lo mejor que Él tiene para ella.

Los buenos padres hacen esto todo el tiempo con sus hijos amados. Disciplinamos o dirigimos a nuestros hijos de formas que preferirían que no lo hiciéramos, pero lo hacemos por el gran amor que les tenemos.

Cuando Jesús expresa misericordia severa, casi siempre es porque hay algo particularmente importante en juego en cuanto a su plan para nuestras vidas. No siempre hace sonar la campana de su misericordia con tanta fuerza—en ocasiones usa una comunicación menos intensa—pero cuando lo hace, siempre hay una razón.

Si al leer esto sientes una punzada de convicción, o si sientes como si te hubieran dado un golpe en el estómago, no huyas. No busques otra cosa para distraerte de lo que Jesús está haciendo. Recibir la misericordia severa del Señor siempre implica dolor y gozo. El dolor usualmente está relacionado con la ofensa a nuestra carne, combinada con la realización innegable de que Jesús tiene toda la razón en lo que nos ha dicho. Este fue ciertamente mi caso.

Si hubiera sido otra persona en vez de Jesús quien me hubiera confrontado con esta convicción, probablemente habría intentado justificarme de inmediato. Mi abogado interno se habría levantado gritando: "¡Objeción!" Yo habría respondido hablando sobre la efectividad de nuestros ministerios y todas las formas y esfuerzos con los que nuestra iglesia sí estaba haciendo discípulos. (Siempre tengo una lista de logros lista para mostrar.) Pero esto no era simplemente otra persona compartiendo su opinión conmigo, era Jesús—y yo sabía que Él tenía razón.

Lo importante es que Jesús me comunicó todo con una claridad cristalina, pero también con dulzura. Sentí una profunda convicción, pero ni una pizca de condenación de su parte. No estaba enojado ni en mi contra—Él estaba y está a mi favor—pero la Iglesia es su novia, y Él la ama, y me ama a mí, demasiado como para permitir que alguno de los dos caminemos por un camino inútil sin redireccionarnos.

Aunque es cierto que no me sentí aplastado, sí quedé deshecho. Estaba trabajando duro. Tenía una agenda ocupada, con cada día lleno de más objetivos de los que podía lograr. Estaba movilizando muchos recursos ministeriales, todo con la intención de hacer discípulos, pero Jesús me acababa de decir que en realidad no lo estaba haciendo, al menos no de la manera ni en el grado que Él deseaba.

Sus palabras fueron difíciles de escuchar para mi carne, pero necesitaba escucharlas. Sentí el fuego de la convicción del Espíritu Santo, un fuego que no está diseñado para torturar, sino para purificar y refinar.

¿Entonces qué debía hacer? ¿Cómo debía responder? La respuesta correcta a la convicción siempre es estar de acuerdo con Jesús (otra forma de describir el arrepentimiento). Estar de acuerdo de inmediato te lleva a través del fuego de la convicción hasta el punto donde tu alma puede ver a Jesús sonriendo con los brazos abiertos para reafirmar su amor por ti. Cuando el Espíritu Santo me confrontó, sinceramente no tenía idea en ese momento de cómo "arreglar" el problema, pero eso no era lo que Jesús estaba buscando. Todo lo que quería era que yo estuviera de acuerdo con Él. Y así lo hice.

Literalmente dije en voz alta: "¡Sí, Señor! Tienes razón. No sé qué hacer a continuación, pero me comprometo a hacer discípulos que hagan discípulos."

Aparte de la visión de convicción que Jesús compartió conmigo, no sé si habría tenido el valor o la claridad para llegar a la conclusión de que algo debía cambiar en mi enfoque del ministerio.

¿Habría podido hacerlo por mí mismo sin su intervención tan clara? Creo que no, por eso me dio esa visión. ¿Y tú?

¿Te está hablando el Espíritu Santo a través de las historias personales que acabo de compartir? ¿Estás midiendo el éxito de tu ministerio con una métrica diferente a la de Jesús? ¿Estás usando una estrategia distinta a la que Jesús ya nos ha dado?

Ármate de valor y pregúntale: "¿Lo que estoy haciendo va a lograr lo que me ordenaste?" Tómate 60 segundos ahora mismo para reflexionar y escuchar su respuesta.

_____ ✑

PAUSA

Si en tu momento de reflexión experimentaste algún tipo de sensación de hundimiento, como "Oh no, estoy haciendo lo mismo que hacía Kirk", no te desesperes. No dejes que nuestro enemigo espiritual manipule tu percepción de la convicción del Señor e intente convertirla en condenación. Si estás sintiendo convicción, es porque tu corazón está sensible al corazón de Jesús. Él está tocando la puerta de tu corazón respecto a esto porque confía en que vas a responder.

Rechaza la condenación y las mentiras del enemigo que dicen que eres un fracaso—simplemente di: "¡Sí!" a Jesús.

Dilo literalmente en voz alta: "Sí, Señor, estoy de acuerdo contigo. No sé qué hacer al respecto, pero no voy a evitar tu mirada. No voy a ignorar esta convicción ni a buscar alguna distracción para evitar este sentimiento incómodo. Tú tienes razón. Me comprometo a hacer discípulos que hagan discípulos, como tú lo mandaste."

JESÚS ES UN BENDECIDOR DESORDENADO

El momento en que estás de acuerdo con Jesús, cuando dices: "¡Sí, Señor!", es el momento en que Jesús comienza a bendecir. Lo digo en serio. Cuando dices "¡Sí!", incluso antes de que hayas hecho algo bueno o malo, Jesús comienza a bendecir tu "¡Sí!"—y Él es un Bendecidor Desordenado. Déjame explicarte…

Si dibujo una 'X' en el suelo y luego abro una botella de agua y la vierto sobre la 'X', el agua no sólo caería en el lugar marcado, sino que salpicaría por todas partes. Así es como Jesús bendice.

En el momento en que decimos "¡Sí!" a su llamado para hacer discípulos (o a cualquier otra cosa, en realidad), Jesús bendice nuestra respuesta. No solo nuestros esfuerzos en el discipulado experimentarán la ventaja sobrenatural del poder del Espíritu Santo, sino también otras áreas de nuestro ministerio y de nuestra vida.

Puede que Jesús inyecte un gozo nuevo en tu matrimonio. Puede que cree una nueva unidad en tu equipo de trabajo. Puede que levante líderes voluntarios que nunca habías imaginado. Puede que empiece a cambiar positivamente las finanzas de tu iglesia. No puedo predecir el patrón de salpicaduras de la bendición de Dios en tu vida, pero el principio del Bendecidor Desordenado es un hecho. Dios siempre disfruta hacer más de lo que pedimos o imaginamos.[36]

En el instante en que nos comprometemos con la estrategia de Jesús para edificar su Iglesia mediante el discipulado reproducible, y antes de que hagamos cualquier esfuerzo, Él comenzará a bendecir... y gracias a Dios, ¡Él es un Bendecidor Desordenado!

37 Efesios 3:20

CAPÍTULO 15

CREAR UNA CULTURA DE HACER DISCÍPULOS EN EL MODELO DE IGLESIA ESTADOUNIDENSE

Cuando comencé a buscar y leer sobre cómo crear una cultura de hacer discípulos, Jesús, en su generosidad, me expuso a varias personas que ya estaban más avanzadas en el camino. Algunas estaban liderando movimientos de hacer discípulos en China o India que estaban produciendo frutos y números nunca antes vistos en los Estados Unidos. Me sentí asombrado, humillado y animado al mismo tiempo. Sin embargo, luchaba con cómo asimilar su enfoque en mi propio contexto: el modelo predominante de la Iglesia en Estados Unidos.[38]

Para nuestros fines, definiré este modelo como uno que cuenta con un edificio o campus que los miembros consideran como el lugar principal de reunión de la iglesia. En el modelo de Iglesia estadounidense, hay un personal remunerado que lidera varios ministerios comunes, y cualquier reunión dominical es el evento culminante en términos de tiempo, recursos y asistencia.

---

38 A veces se le denomina el modelo de la Iglesia del Legado.

La mayoría de los libros que estaba leyendo trataban sobre movimientos de hacer discípulos que ocurrían en contextos rurales y más pobres, donde el alcance de las actividades diarias se desarrollaba en un entorno geográfico mucho más pequeño y donde la cultura social era mucho más relacional que la nuestra. Otros movimientos de hacer discípulos estaban ocurriendo en centros urbanos densamente poblados, y no en comunidades suburbanas de clase media o media-alta como la nuestra. Estos no eran (ni son) excusas, sino variables reales que deben ser consideradas.

¿Cómo puedo crear una cultura de hacer discípulos que sea reproducible dentro del modelo de Iglesia estadounidense?

La pregunta que me planteaba era: ¿Cómo puedo crear una cultura de hacer discípulos que sea reproducible dentro del modelo de Iglesia estadounidense?

¿Tengo que renunciar a mi cargo y empezar a recorrer las cafeterías locales en busca de personas con hambre espiritual? Tenía un amigo que había plantado una iglesia casi al mismo tiempo que yo, y eso fue exactamente lo que hizo. ¿Me estaba pidiendo Jesús que hiciera lo mismo? ¿Y qué pasaría con todas las personas que estaría dejando atrás? Fundé esta iglesia en una escuela primaria hace 20 años. Mis huellas estaban por todas partes. Esto no lo digo con orgullo, sino para expresar el profundo sentido de responsabilidad que sentía. Yo nos había llevado hasta donde estábamos; ahora debía quedarme y ayudar a llevarnos hacia donde Jesús nos estaba llamando.

Además, el 99% de las iglesias en nuestro país actualmente operan dentro del modelo predominante de Iglesia estadounidense. Estas iglesias representan miles de millones de dólares en recursos del Reino y millones de personas—y continuarán existiendo por generaciones. No es realista esperar que millones de personas y cientos de miles de pastores abandonen la cultura eclesial que los formó. Mi punto es que, aunque el modelo actual de Iglesia en Estados Unidos puede cambiar algún día, ese cambio será incremental, no repentino. El enfoque más lógico es trabajar para crear una cultura de hacer discípulos dentro del modelo actual de Iglesia estadounidense, para moldearlo hacia una visión centrada en hacer discípulos.

¿PERO POR DÓNDE EMPEZAR?

Mi primer paso para responder a esta pregunta fue, al principio, desalentador, pero luego resultó ser profundamente transformador.

Un amigo mío, Brad Sprague, me presentó a David Broodryk, una especie de influenciador en el ámbito de hacer discípulos.[39] En mi primera reunión con David, le pidió a nuestro equipo que considerara lo que, en ese momento, me pareció una pregunta descabellada:

Si tuvieras que empezar una iglesia de una manera opuesta a la Gran Comisión, ¿cómo sería?[40]

En la superficie, su propuesta sonaba absurda, y así se lo dije, pero David me pidió que le siguiera la corriente, y así lo hice. Juntos, mi equipo y yo examinamos cada frase de la Gran Comisión. No pasó mucho tiempo

---

39 David Broodryk es el fundador de Two Four Eight, que busca multiplicar los movimientos de hacer discípulos en las ciudades del mundo. https://twofoureight.org.
40 Mateo 18:18–20

antes de que empezara a sentirme incómodo. En resumen, nuestros
hallazgos podrían resumirse así:

LA GRAN COMISIÓN	OPUESTO A LA GRAN COMISIÓN
Toda autoridad me ha sido dada (Jesús)	Toda autoridad recaería sobre mí (el pastor o los líderes)
Ir y hacer discípulos de todas las naciones.	Venir, asistir, escuchar
Bautizándolos en mi nombre	Enfatizar la membresía en la iglesia o el voluntariado
Enseñándoles a obedecer todo lo que os he mandado.	Enseñándoles a considerar aceptar cualquier cosa que parezca relevante. Dejando la tarea de hacer discípulos a los pastores, los sermones, los grupos juveniles, etc.

Mientras realizábamos este ejercicio, comencé a ver más clara y
concretamente lo que Jesús había querido decir cuando dijo: "Kirk,
lo que estás haciendo no va a cumplir lo que ordené en la Gran
Comisión".

El ejercicio me ayudó a identificar áreas en las que estaba haciendo
ministerio que, como mínimo, no estaban alineadas con la estrategia de
Jesús. Solo me consolaba parcialmente el hecho de no ser el único en
darme cuenta de esto. Todo nuestro equipo identificó formas en las que
también estaban haciendo lo mismo.

Aunque al principio esto fue desalentador, con David guiándonos,
comenzamos a darnos cuenta de que si podíamos identificar formas

concretas en las que estábamos haciendo ministerio en oposición a la Gran Comisión, entonces seguramente podríamos encontrar maneras de ejecutar esos ministerios de forma diferente, ¡lo que significaba que había esperanza!

> **Hacer discípulos se expresaba como un curso, una clase, un cuaderno de trabajo, un estudio bíblico expositivo, o lo que fuera, pero hacer discípulos de forma reproducible nunca definía la cultura de la iglesia.**

Lo que compartiré en los próximos capítulos es cómo cambiamos—y seguimos cambiando—la cultura de nuestra iglesia hacia una centrada en hacer discípulos.

Durante los últimos años, he trabajado de cerca con más de 100 pastores, reuniéndome semanalmente con ellos por períodos de entre 2 y 9 meses cada uno, mientras buscamos juntos crear una cultura de hacer discípulos que sea sostenible y efectiva en nuestras iglesias. Esto es lo que he descubierto: es difícil.

Parte de lo que lo hace difícil es que todos estos pastores, incluyéndome a mí—y probablemente a ti o a tu pastor—crecieron en una cultura donde hacer discípulos era más o menos el objetivo de un departamento específico dentro de la iglesia.

Hacer discípulos se expresaba como un curso, una clase, un cuaderno de trabajo, un estudio bíblico expositivo, o lo que fuera, pero hacer discípulos de forma reproducible nunca definía la cultura de la iglesia. Una visión clara y coherente de hacer discípulos no impregnaba todos los contextos de la iglesia. No había un lenguaje constante, una estrategia unificada ni pasos accesibles que la gente encontrara en cada contexto, que entretejieran la formación de discípulos en toda la iglesia, en cada persona y en cada hogar.

Anteriormente, si los esfuerzos de nuestro equipo pastoral hubieran sido representados como un grupo de bueyes, diría que todos estábamos arando con diligencia… pero cada uno en su propia dirección, arando su propio campo.

Piénsalo… ¿describe eso tu experiencia?

CAPÍTULO 16

HILOS PARA HACER DISCÍPULOS

"HACER DISCÍPULOS NO ES EL ÉNFASIS DE UN DEPARTAMENTO MINISTERIAL DENTRO DE UNA IGLESIA, ES LA TOTALIDAD DE LA MISIÓN DE LA IGLESIA."

Respetuosamente afirmo que la cultura eclesiástica predominante en Estados Unidos no es, en realidad, una cultura reproducible de hacer discípulos. Quiere serlo, pero no lo es. Yo pensaba que tenía una cultura de hacer discípulos, pero como he compartido, a pesar de las cosas buenas que estábamos haciendo y del fruto maravilloso que veíamos, Jesús tenía—y aún tiene—mucho más para nosotros.

Parte del problema era mi configuración predeterminada. Estaba "haciendo" iglesia como la había visto hacer en todas las iglesias de las que había sido parte—aun como me lo enseñaron en el seminario. Pero ahora estoy convencido de que, a pesar de todo ese hacer, no está funcionando. ¿Tú también lo sientes?

Si tuviéramos una cultura genuina de hacer discípulos, entonces Lifeway no habría publicado una investigación mostrando que dos tercios de los niños que crecen en iglesias evangélicas, al menos por una parte de su niñez, terminan dejando la iglesia por al menos un año después del bachillerato; un año clave del que muchos no regresan.[41]

Si tuviéramos una verdadera cultura de hacer discípulos, entonces no estaríamos gastando, en promedio, el 91% de los recursos de la Iglesia en Estados Unidos en cristianos, en lugar de alcanzar a los perdidos tanto local como globalmente.

Mi amigo David Broodryk me compartió una gráfica que mostraba los resultados de una encuesta masiva realizada por el Centro para el Estudio del Cristianismo Global, tomada por millones de cristianos. Mostraba que, mientras más tiempo una persona es cristiana y miembro de una iglesia, más débil se vuelve su espiritualidad, compromiso y deseo de crecer. ¿Te imaginas vivir un matrimonio así? Con cada aniversario, la relación es menos en todos los sentidos que el año anterior. ¡Qué horror!

¿Cómo es posible que estemos trabajando tan duro para hacer discípulos y aún así ver estadísticas como estas?

Es un problema de no ver el bosque por estar enfocados en los árboles. Los pastores y líderes en las iglesias estadounidenses han estado haciendo iglesia de la misma manera durante mucho tiempo. Incluso cuando iniciamos nuevas iglesias, las estructuramos como "siempre" se han estructurado. Convertimos el discipulado en un programa, una clase o un departamento. No tejemos temas consistentes y reconocibles de hacer discípulos en el tejido de la iglesia.

LA URDIMBRE Y LA TRAMA DE ELLO

El tejido es una metáfora muy apropiada aquí. Existen muchos métodos distintos de tejer. A través de esos diferentes métodos, y a pesar de cómo la tecnología ha acelerado el proceso, el tejido sigue siendo esencialmente lo mismo, y es hipnotizante verlo.

---

41 Por si no encontraste el enlace la primera vez que lo mencioné... Lifeway Research. "Razones por las que los jóvenes de 18 a 22 años abandonan la iglesia". Consultado el 4 de septiembre de 2024. https://research.lifeway.com/2007/08/07/reasons-18-to-22-year-olds-drop-out-of-church.

Cuando se teje en un telar, se utiliza un dispositivo llamado lanzadera, que se carga con hilo y se empuja repetidamente de un lado a otro de manera horizontal, creando lo que se conoce como la trama. La lanzadera, con su hilo arrastrándose, es guiada por el tejedor y se desliza horizontalmente entre los hilos verticales llamados urdimbre, los cuales se elevan o bajan para que la lanzadera pase por encima de unos y por debajo de otros, creando un patrón en la alfombra o tela.

Cuando la lanzadera ha llevado su hilo de un lado al otro, el tejedor utiliza un mazo o peine para presionar el hilo firmemente hacia abajo.[42]

A lo que quiero llegar es esto… Si la lanzadera lleva un hilo azul, ese hilo azul aparecerá a lo largo de toda la tela. Puede que pase por delante o por detrás de los hilos longitudinales, pero está tejido en todo el tejido.

Hacer discípulos debería ser así. No es un énfasis de un departamento específico de la iglesia. Hacer discípulos es la totalidad de la misión de la iglesia. La meta—la estrategia de Jesús—es que tejamos los hilos de la formación de discípulos en todo el tejido de la iglesia.

A riesgo de mezclar metáforas, hay un poco de pensamiento de "odres de vino nuevos" que aplica aquí. En mi camino de hacer discípulos, tuve que desaprender algunas cosas que, sin darme cuenta, estaban socavando nuestros esfuerzos por crear una cultura de formación de discípulos en nuestra iglesia. Apuesto a que tú también tendrás que hacerlo. Se sentirá incómodo y podrías tener la tentación de darte por vencido, pero no lo hagas. Vale la pena, te lo prometo.

TEN PACIENCIA UN POCO MÁS

Lo práctico está por venir—de verdad—pero quiero que resistas un poco más antes de saltar a esa parte del libro.

Más de una vez, amigos pastores me han pedido nuestro "material" para hacer discípulos. Solía complacer esas peticiones, pero ni una sola

---

42 Aquí hay un video de 30 segundos que te dará una idea visual: TinyUrl.com/bdda-d2ar.

vez—y no estoy exagerando—ni una sola vez alguno de esos pastores vio realizado el sueño de una cultura de hacer discípulos en su iglesia. En cambio, trabajaban muy duro solo para ver que no se consolidaba, y entonces pasaban a la "siguiente" cosa, tal como yo solía hacer.

No era por falta de compromiso ni de buenas intenciones, sino porque hay principios subyacentes tan arraigados en cómo hemos aprendido a hacer iglesia, que no reconocemos fácilmente el efecto perjudicial que tienen.

Recuerda, tejer es tedioso. Las alfombras o telas artesanales requieren tiempo. Una de las características más importantes de los mejores tejedores, los que crean las alfombras más bellas y de mayor calidad, es la persistencia. Seguir intentándolo… sin rendirse.

Nuestro equipo y yo simplemente no vamos a dejar de hacernos la pregunta: ¿Estamos haciendo discípulos que hagan discípulos?

Una de las frases más comunes que digo cuando hablo con pastores y líderes sobre la formación de discípulos es esta: No soy un experto en hacer discípulos, pero estoy inquebrantablemente comprometido. No me voy a rendir. Ya terminé de pensar que una serie de seis semanas "resolverá el problema." Ya no busco aplicar un método o un currículo como respuesta al desafío.

En cambio, voy a analizar todo en nuestra iglesia, desde nuestras reuniones de personal, hasta nuestro presupuesto, nuestros contextos ministeriales y todo lo demás, para asegurarme de que estamos consistentemente tejiendo hilos que hacen discípulos en cada uno de ellos. Nuestro equipo y yo simplemente no vamos a dejar de hacernos la pregunta: ¿Estamos haciendo discípulos que hagan discípulos?

Ese es nuestro único criterio de evaluación.

CAPÍTULO 17

CUATRO PRINCIPIOS PARA CREAR CULTURA

"CAMBIAR LA CULTURA ES COMO TEJER: ES INTENCIONAL Y REQUIERE PERSISTENCIA."

Cada vez más pastores están sintiendo que se enciende un fuego en sus corazones por la formación reproducible de discípulos —quizás tú seas uno de ellos (ieso espero!). En mi experiencia, los pastores responden a este nuevo fuego en una de estas cuatro maneras:

1. INTENTAN IMPLEMENTAR PROGRAMAS DE DISCIPULADO PARA AÑADIRLOS A SU MODELO DE IGLESIA ESTADOUNIDENSE

A menudo esto se materializa en un curso de capacitación con módulos de varios contenidos, recibido con gran entusiasmo por aquellos que ya deseaban más de este tipo de enseñanza. Los que asisten a estos cursos casi siempre crecen, pero el impacto queda limitado a esta subcultura y rara vez transforma la cultura más amplia de la iglesia. A menudo es un enfoque basado en currículos y, por lo tanto, no es fácilmente reproducible. Pero aún más importante, estos cursos se añaden encima

143

de un modelo de iglesia estadounidense que sigue consumiendo la mayor parte de la atención del personal y los recursos de la iglesia. Aunque tener un camino de hacer discípulos es importante, creo que es solo una pieza de un rompecabezas mucho más grande.

2. LANZAN UN MINISTERIO DE GRUPOS DE DISCIPULADO

Aquí fue donde yo comencé. Después de varios intentos fallidos, logré establecer un ritmo discipulando a 2-3 hombres utilizando las Experiencias Fundamentales y Puntos de Partida que he descrito en este libro. ¡Fue algo que trajo mucha vida! Vimos a hombres confrontando su pecado… hombres obedeciendo la Palabra de Dios… hombres aprendiendo a escuchar al Señor y compartir su fe… y muchas otras cosas más. ¿El problema? Nuestra iglesia seguía invirtiendo millones de dólares en operar todos los ministerios comunes al modelo predominante de iglesia estadounidense. Esperar que los Grupos D cambiaran la cultura de la iglesia era como esperar que el perro moviera la cola… ¡al revés!

3. SE RINDEN

El resultado más triste que veo es cuando un pastor piensa que una serie de sermones sobre la formación de discípulos o un curso de 12 semanas va a "resolverlo todo." Llevan adelante un programa o un énfasis temporal, pero descubren que la congregación—y el personal— siguen operando bajo el viejo paradigma. Como han dicho Peter Drucker o Mark Fields, "La cultura se desayuna a la estrategia." Cuando esta estrategia no produce la cultura de hacer discípulos que el pastor esperaba, a menudo regresan a lo de siempre. Después de todo, el ciclo de siete días de la iglesia estadounidense puede mantener ocupado a un pastor durante toda su vida ministerial. (¡Qué horror! ¿Quién quiere conformarse con eso?)

4. CREAN UNA NUEVA CULTURA APROVECHANDO CADA CONTEXTO MINISTERIAL PARA SU POTENCIAL DE HACER DISCÍPULOS

Un número creciente de iglesias está encontrando maneras de entretejer la formación de discípulos dentro del modelo de iglesia estadounidense. No están desechando el modelo, están doblando cada contexto ministerial para que sirva al Gran Mandamiento de Jesús. Están aprendiendo a entretejer hilos de hacer discípulos de forma reproducible en todo—¡y está funcionando!

Aunque toma algunos años cambiar la cultura de una organización, si eliges este camino, descubrirás que los resultados alentadores emergen casi de inmediato. Verás transformaciones de vida y sabrás que estás en el camino correcto. Exploremos cómo puede verse esto en la iglesia que ayudas a liderar…

Cómo cambiar la cultura de una organización

Mi viaje al Pueblo de Nuevo México cuando era niño no me enseñó mucho sobre tejer, pero capté una cosa: si estás tejiendo una alfombra azul, necesitas entretejer hilos azules en toda ella. De manera similar, si quieres una cultura de hacer discípulos en tu iglesia, necesitas entretejer hilos de hacer discípulos en cada parte de ella.

Aquí tienes cuatro principios básicos para crear cultura en cualquier organización.[43] Nuestra capacitación ofrece acompañamiento en este proceso. Vamos a aplicarlos a hacer discípulos dentro de la iglesia, pero son aplicables a cualquier organización. Si quieres crear una cultura específica necesitas:

1. IDENTIFICAR TU RESULTADO PREFERIDO

En nuestra iglesia decimos:

> Queremos aprender a disfrutar y seguir a Jesús juntos
> de una manera que podamos mostrar a otros cómo disfrutar y
> seguirlo también.

Este es el resultado que deseamos para todos en nuestra iglesia. Todo lo que hacemos apunta a este objetivo. Planeamos y evaluamos todo lo que hacemos con este resultado en mente.

No tienes que usar mis palabras—usa las tuyas—pero debes poder expresar tu resultado preferido de una manera que se ajuste a tu iglesia y de una manera que tú y tus líderes puedan y vayan a repetir.

Para mostrarte lo simple pero poderoso que es este concepto, usemos un ejemplo absurdo... Imagina que tu resultado preferido fuera que todos aspiraran a ser gimnastas consumados. Quieres que hagan saltos hacia atrás, volteretas y giros, y que además puedan enseñar a otros a hacerlos también. Sabes que no todos progresarán al mismo ritmo o alcanzarán el mismo nivel de competencia, pero si quieres que progresen

---

43 Ofrecemos planes de coaching para ayudar a su equipo en este proceso. Consulte la última página del libro para más información.

en absoluto, debes identificar tu resultado preferido. Esto nos lleva al segundo principio para crear cultura en una organización...

2. IDENTIFICA LAS EXPRESIONES MÁS SIMPLES Y REPRODUCIBLES DE TU RESULTADO PREFERIDO

Estos son los hilos que vas a entretejer en cada contexto ministerial de tu iglesia. Estas expresiones de tu resultado son lo que quieres que todos capten. Si lo logras, cuentas con que deseen más y busquen ir más profundo. ¿Necesitan más que estas expresiones simples y reproducibles? Por supuesto, siempre debes tener "próximos pasos," pero no puedes crear una cultura si omites este paso.

Volviendo a nuestra ilustración de la gimnasia... ¿Qué considerarías como las expresiones más simples y reproducibles de ser un gimnasta? Opciones probables incluirían una voltereta hacia adelante, una voltereta hacia atrás, pararse de cabeza y hacer una rueda de carro.

¿Una persona necesita más que estas cuatro habilidades para ser un gimnasta consumado? Absolutamente, dominar estas cuatro les permite experimentar la alegría de la gimnasia, les da confianza y una expectativa positiva de lo que vendrá. Estas cuatro habilidades son puntos de partida.

En el lenguaje de la iglesia que ayudo a pastorear, hemos identificado las cuatro Experiencias Fundamentales comentadas en los capítulos 7-10. Creemos—y años de experiencia apoyan esta creencia— que si las personas aprenden una manera simple de estudiar la Biblia (EBD), y si podemos mostrarles (no solo decirles) cómo encontrarse con Jesús en estas cuatro maneras, entonces su disfrute de Jesús los impulsará a formas mayores y más profundas de disfrutar y seguirlo.

3. MODELAR IMPLACABLEMENTE ESTAS EXPRESIONES REPRODUCIBLES CON LENGUAJE Y PRÁCTICAS COMUNES EN CADA CONTEXTO DE TU ORGANIZACIÓN

Cada contexto ministerial en una iglesia es único en varios aspectos, pero cada uno ofrece una oportunidad para modelar las expresiones simples de tu resultado preferido.

Si nuestro resultado preferido fuera convertirnos en gimnastas dotados, los domingos no sólo enseñaría sobre ello, sino que también lo modelaría, e incluso haría espacio para que la congregación lo intentara. Puedes apostar que los niños lo estarían haciendo en KidZone (Zona de Niños) y los adolescentes en nuestro ministerio estudiantil.

Estoy evitando usar el lenguaje específico de mi iglesia porque supongo que tú ya tienes tu propio lenguaje. No quiero que sientas presión de adoptar el nuestro. Cualesquiera que sean las expresiones reproducibles de hacer discípulos que elijas, si eres implacable en modelarlas, el aroma de hacer discípulos será fácilmente detectable para cualquiera que pase al menos unas semanas en tu iglesia. (En un momento hablaremos más de los aspectos prácticos de este importante principio.)

Es en este punto donde los Tres Valores de Hacer Discípulos que mencioné en el Capítulo 4 se vuelven vitalmente importantes. Incluso habiendo identificado tu resultado preferido y sus expresiones reproducibles, cuando los líderes comiencen a modelarlas realmente, lucharán contra la inevitable tendencia de volver a su paradigma predeterminado. Recuerda, estos líderes (y tú también) han estado "haciendo iglesia" de cierta manera durante años en algunos casos. El impulso de volver a ser el padrino o la dama de honor en el pasillo será difícil de resistir. Relee el Capítulo 4 ahora que has llegado hasta aquí y verás mejor cómo los Tres Valores de Hacer Discípulos te ayudarán a ti y a tus líderes a entrenarse mutuamente y evaluar su progreso.

4. COMPARTE LAS HISTORIAS DE ÉXITO, GRANDES Y PEQUEÑAS

Las personas comunes compartiendo cómo disfrutan y siguen a nuestro extraordinario Jesús es algo cautivador y convincente. Es esencial para crear una cultura de hacer discípulos.

Cada vez que escucho algo que suena aunque sea vagamente a una historia de éxito, salto sobre ella. El poder del testimonio no puede ser exagerado. Si alguien tiene una historia de cómo Dios respondió a la oración "Inclúyeme," quiero ayudarlo a compartirla con tantas personas como sea posible. Si alguien tuvo la oportunidad de hacer la Pregunta del Milagro a un compañero de trabajo durante la semana, acortaré mi sermón para dar espacio a esta historia de alguien viviendo nuestro resultado preferido.

El resto de este libro trata sobre cómo implementar estos cuatro principios y cómo podría verse en la práctica. Sigue leyendo y verás un camino para entretejer la formación de discípulos en cada contexto de tu iglesia y cambiar la cultura para siempre.

CAPÍTULO 18

CÍRCULOS, NO SILOS

Si quieres una cultura de hacer discípulos en tu iglesia, necesitas entretejer hilos de hacer discípulos en cada parte de ella. Aquí tienes una manera de hacerlo...

Todos estamos familiarizados con los organigramas que muestran quién reporta a quién y en qué áreas. De manera similar, quiero que crees un diagrama que muestre cada uno de los contextos relacionales de tu iglesia basándote en el tamaño del grupo. Los categorizamos por tamaño porque el número de personas involucradas en un grupo es la variable clave para la dinámica relacional. El objetivo es identificar cada ministerio en la iglesia. Representa todo aquello sobre lo cual tú y tu equipo han recibido la responsabilidad de administrar.

Utiliza los tres círculos más oscuros en el ejemplo de la siguiente página como tus categorías principales y luego dibuja círculos debajo de ellos que reflejen cada contexto ministerial de tu iglesia basado en el tamaño de la reunión. Usa tus propios términos y siéntete libre de agregar o quitar círculos, solo asegúrate de que cada contexto relacional esté representado. No olvides experiencias ministeriales como retiros o salidas misioneras; aunque sean de corto plazo, las incluimos porque son contextos donde se pueden entretejer las Experiencias Fundamentales. Aquí tienes un ejemplo sencillo de cómo podría verse este diagrama:

Contextos relacionales de la Iglesia

Grupos grandes 25+ personas	Grupos pequeños 6-25 personas	Grupos más pequeñoss 2-5 personas
Reuniones principales de adoración	Grupos de vida/Grupos en casa	Grupos de discipulado
Reunión de estudiantes los miércoles por la noche	Ministerio de mujeres/ hombres	Grupo de mentores
Ministerio de niños	Junta de personal	Grupos pequeños en retiros
Retiros de hombres/ mujeres	Clases para adultos	Ministerio para personas sin hogar
Estudio bíblico semanal de mujeres	Grupos de vida para estudiantes	
	Ensayos del equipo de alabanza	
	Coro de niños	

Cuando nuestro equipo creó un esquema de nuestros propios contextos ministeriales, nos sorprendió ver cuántos círculos relacionales estábamos administrando. ¡Teníamos muchos más círculos de los que cualquiera habría esperado! Al examinar cada uno, reconocimos que en todos ellos estaba ocurriendo algo genuinamente bueno. Espero que tú también sientas eso. Pero yo estaba ciego al potencial que tenía cada círculo de ser algo mejor que bueno: podían ser grandiosos.

Durante muchos años, cada uno de estos círculos relacionales de ministerio funcionaba como un silo. Aunque todo nuestro equipo abrazaba la declaración de visión que describía nuestro resultado preferido, ahí terminaba cualquier sinergia. Cada miembro del equipo empleaba su propia estrategia para alcanzar ese resultado. Funcionábamos como silos independientes... pero ya no más. Después de tejer incansablemente las expresiones más simples de nuestro resultado preferido en cada contexto, utilizando un lenguaje común y prácticas comunes, la cultura de hacer discípulos ahora es casi inmediatamente detectable en cada uno.

EVALUANDO EL POTENCIAL DE CADA CÍRCULO

Exploremos el proceso de dos pasos para comenzar a tejer el discipulado en cada contexto de tu propia iglesia:

1. Evalúa las fortalezas y limitaciones de cada círculo ministerial.
2. Determina cómo aprovechar la fortaleza de cada círculo para modelar las experiencias más simples y reproducibles de nuestro resultado preferido.

Cada contexto ministerial aporta algo único. Identificar estas fortalezas distintivas te ayudará a aprovechar su potencial y también a establecer expectativas realistas.

Reuniones principales de adoración
Fortalezas
Autoridad espiritual
Reunión más grande
Visión de modelar

En la categoría de Grupo Grande, consideremos tu(s) Servicio(s) Principal(es) de Domingo. Dos de las fortalezas de este contexto son que está dirigido por la persona de mayor autoridad espiritual en la iglesia y que reúne al mayor número de personas.

Esto lo hace ideal para afirmar la visión y modelar aquello que estamos buscando. Por otro lado, su debilidad es la falta de rendición de cuentas. Podemos predicar e incluso modelar lo que queremos lograr, pero generalmente no tenemos idea de si la obediencia sigue.

Grupos de vida
Fortalezas
Intimidad
Reproducible
Primer buen paso
Todo el hogar

En contraste, uno de los ministerios que ocurre en nuestros Grupos Pequeños es nuestro grupo de vida, que se reúne en casas. Estos grupos pequeños "califican" más alto en otros aspectos. Nuestros grupos de vida involucran a toda la familia —padres e hijos—. De hecho,

es el único momento regular en nuestra iglesia en el que los hogares completos se reúnen en lugar de estar separados por etapas de vida. Estos grupos son mucho más íntimos que nuestros servicios dominicales y representan un excelente primer paso para experimentar los Puntos de Partida de nuestras Experiencias Fundamentales.

En la categoría de Grupo Más Pequeño, considera las fortalezas del contexto del Grupo de Discipulado. Es el mejor para la rendición de

Grupos formadores de discípulos

Fortalezas
Responsabilidad
Intimidad
Activación
Reproducible

cuentas y para activar realmente nuestra fe en el mundo. Es reproducible y da vida.

Podría repasar los otros círculos de contextos ministeriales e identificar también las debilidades de cada uno, pero estoy seguro de que ves hacia dónde voy.

Cada contexto ministerial, incluyendo reuniones de personal y eventos de capacitación, tiene fortalezas distintivas propias. El objetivo en este paso es identificar esas fortalezas para poder aprovecharlas en su potencial para hacer discípulos. Una vez que completes el ejercicio de evaluar lo que cada círculo aporta a la misión, estarás listo para el segundo paso...

DERRIBANDO LOS SILOS

El segundo paso consiste en observar cada contexto ministerial y cada una de las Experiencias Fundamentales y Puntos de Partida, reflexionando juntos: "¿Cómo podemos entretejer esto en nuestros servicios del domingo... en nuestras clases de KidZone... en nuestros grupos de vida de estudiantes... en nuestras reuniones de personal, etc.?" No olvides el objetivo: aprovechar todas las fortalezas de todos los contextos para su potencial en hacer discípulos.

Aprovechar todas las fortalezas de todos los contextos para su potencial en hacer discípulos.

Este ejercicio es como un grupo trabajando en un rompecabezas. Admito abiertamente que detesto los rompecabezas, pero armar este fue estimulante. Cada vez que nos movíamos a un nuevo contexto relacional y pensábamos juntos en cómo modelar una de las Experiencias Fundamentales, las ideas comenzaban a fluir y surgía algo bueno. ¡Era como armar un mapa del tesoro... que realmente conducía a un tesoro!

Recientemente estuve en el Beach Week (semana de playa) de nuestro ministerio de estudiantes. Consiste en cientos de estudiantes yendo a la playa, con océano, medusas y tiburones... ¡¿qué podría salir mal?! Yo asistí solo como observador y para "chocar esos cinco" con los estudiantes; no tuve absolutamente ninguna participación en la planificación de actividades o sesiones de enseñanza. Ni siquiera me invitaron a predicar.

En ese evento de una semana, me quedé asombrado al ver cómo diferentes líderes voluntarios subían al escenario y cada uno hablaba nuestro lenguaje común de hacer discípulos. Nuestros estudiantes estaban aprendiendo la oración "Inclúyeme" y la "Pregunta Milagrosa"... ¡y saliendo a la playa a orar por otros! No recuerdo bien cuál era el tema de cada mensaje nocturno, pero sí recuerdo claramente que los maestros incluían tiempos para Escuchar al Señor. Nuestro equipo de ministerio de estudiantes estaba modelando las Experiencias Fundamentales con lenguaje y práctica común. Esto no pasó de la noche a la mañana. Por favor, recuerda: cambiar la cultura de una iglesia requiere un compromiso persistente a lo largo de los años... pero funciona... y funciona de manera predecible porque se basa en los valores que Jesús expresó en la Gran Comisión y el Gran Mandamiento.

> **Funciona de manera predecible porque se basa en los valores que Jesús expresó en la Gran Comisión y el Gran Mandamiento.**

Sé que solo estoy tocando

los puntos más importantes de un proceso más detallado para evaluar
todo el ministerio de tu iglesia, pero apuesto a que puedes ver la sencillez
del proceso. Tú puedes hacerlo, y cuando lo hagas, tu equipo pastoral
estará más alineado que nunca.[44]

¿CON QUÉ PROPÓSITO?

Antes de mostrarte cómo se ve realmente entretejer las Experiencias
Fundamentales en cada contexto relacional, es importante que hagamos
un "zoom out" (alejamiento) para ver el panorama completo. ¿Por
qué estamos haciendo todo este trabajo? ¿Es para tener una iglesia
saludable?... ¿Es para conectar a todos en una relación de hacer
discípulos?... ¿Para avanzar hacia la madurez espiritual? La respuesta, por
supuesto, es "sí", pero hay más.

El objetivo final de Dios es que el conocimiento de su gloria llene
el mundo —influenciando a todos y a todo— de tal manera que Él
lo compara con cubrir la tierra como las aguas cubren el mar.[45] ¡Su
presencia, prioridades, poder y personalidad saturarán todo! Cuando
esto suceda, Él dice que todo en el cielo y en la tierra se unificará
perfectamente bajo la autoridad de Jesús.[46] ¡Todos los sueños de Dios
se harán realidad! ¡No es de extrañar que el Espíritu y la novia digan:
"¡Ven!"!"[47]

Por si fuera poco, en su inmensa generosidad, Jesús quiere incluir a su
pueblo en este proceso. Una vez más, no es algo que "tenemos" que hacer,
¡es algo que "podemos" hacer! Él literalmente quiere compartir su gloria

---

44 En el Capítulo 21 comparto sobre los eventos de capacitación y cohortes que ofrecemos para ayudarte en este proceso.
45 Habacuc 2:14
46 Efesios 1:9-10
47 Apocalipsis 22:17

Administramos los contextos relacionales del a iglesia para

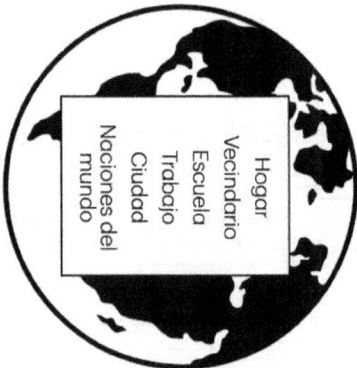

Grupos grandes +25 personas

Grupos pequeños 6-25 personas

Grupos más pequeños 2-5 personas

Reuniones principales de adoración

Reunión de estudiantes los miércoles por la noche

Ministerio de niños

Retiros de hombres/mujeres

Estudio bíblico semanal de mujeres

Grupos de vida/Grupos en casa

Ministerio de mujeres/ hombres

Clases para adultos

Junta de personal

Grupos de vida para estudiantes

Ensayos del equipo de alabanza

Coro de niños

Grupos de discipulado

Grupo de mentores

Grupos pequeños en retiros

Ministerio para personas sin hogar

Enseñar a la iglesia cómo disfrutar y seguir a Jesús juntos...

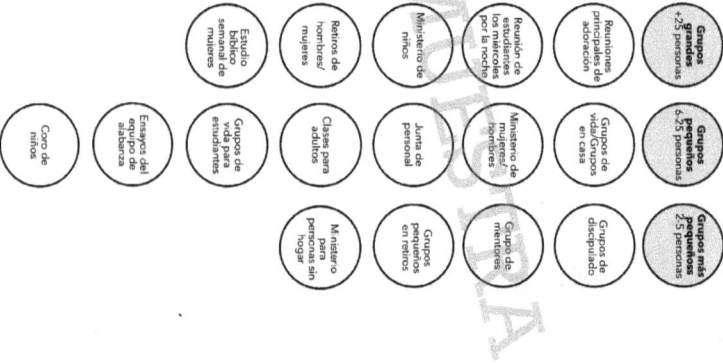

Individuo

Matrimonio

Familia

Familia de la iglesia

Enseñar a otros cómo disfrutar y seguirlo también!

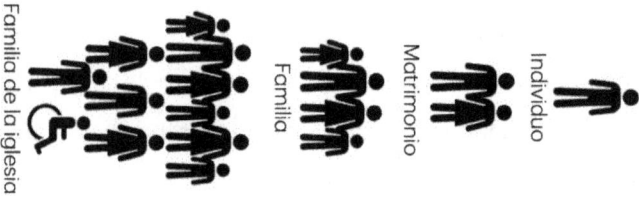

Hogar
Vecindario
Escuela
Trabajo
Ciudad
Naciones del mundo

con nosotros.[48] Y quiere que su buena noticia alcance a cada persona en cada nación de la tierra.[49] Este es el objetivo final de Dios. La pregunta es: ¿Nuestro objetivo final coincide con el de Dios?

Si el objetivo es simplemente hacer crecer nuestra iglesia, nunca alcanzaremos nuestra ciudad ni el mundo con el evangelio. En cambio, si alineamos nuestro corazón con el de Dios —para llevar su dulce buena noticia a nuestros hogares, lugares de trabajo, ciudades y naciones—, podemos confiar en que Dios hará crecer nuestras iglesias. Admito que, al principio, me daba muchísimo miedo soltar mi apego a priorizar el crecimiento de nuestra iglesia. Pero, finalmente, alineé mi corazón y mi estrategia con la de Dios y descubrí que este principio es maravillosamente cierto.

¿Por qué estoy dedicando tanto tiempo a enfatizar este punto? Porque si los líderes principales de una iglesia no están convencidos del objetivo final de Dios —el de hacer discípulos de todas las naciones para la gloria de su nombre—, entonces el fruto de nuestros esfuerzos de "discipulado" nunca se esparcirá más allá de las paredes de la iglesia. Podríamos descubrir que hemos dedicado nuestra vida al ciclo de siete días de la Iglesia estadounidense. ¡Nunca, Señor! En cambio, seamos líderes que caminan de cerca en los pasos de Jesús.

Este gráfico me ayuda a conectar todo lo que nuestro equipo está haciendo en la iglesia local con el objetivo final de Dios:

Si todo esto te parece emocionante pero abrumador al mismo tiempo, permíteme recordarte el asombroso principio espiritual que compartí en el Capítulo 14: El momento en que alineas tu corazón con la prioridad de Dios es el momento en que Dios comienza a bendecir.

---

48 Romanos 8:17; 2 Tessalonicenses 2:18
49 Mateo 28:18-20

En el momento en que comprometes tu corazón a cultivar una cultura de hacer discípulos en tu iglesia, comenzarás a descubrir que las cosas difíciles se vuelven más fáciles. Es como saltar a un río que fluye: en cuanto lo haces, empiezas a moverte, incluso antes de comenzar a nadar.

El momento en que alineas tu corazón con la prioridad de Dios es el momento en que Dios comienza a bendecir.

Ahora, déjame mostrarte cómo podría verse el hecho de entretejer las Experiencias Fundamentales en cada uno de los círculos.

CAPÍTULO 19

TEJIENDO LAS EXPERIENCIAS FUNDAMENTALES

Puede que no seas el pastor principal, pero imagina por un momento que tú acabas de predicar el sermón el domingo por la mañana en tu iglesia.

Estudiaste la Palabra la semana anterior. Te aseguraste de que tu corazón estuviera en sintonía con Jesús. Refinaste tu bosquejo, perfeccionaste tus ilustraciones, y luego compartiste el mensaje con genuina pasión ante los asistentes.

¿Qué sucede después? ¿Una invitación? ¿Un tiempo de ministerio? ¿Un "gracias por venir, eso es todo por ahora"?

¿Y si al final del sermón dieras un pequeño espacio para que las personas pudieran encontrarse personalmente con el Jesús del que acabas de hablarles?

¿Y si, como un fiel padrino de bodas, te hicieras a un lado para darles la oportunidad de tener una vista sin obstáculos de Jesús? Así podría verse esto...

#1 Tejiendo escuchar al Señor

REUNIONES PRINCIPALES DE ADORACIÓN

No es difícil entretejer el hilo de Escuchar al Señor en las reuniones dominicales de tu iglesia. Aquí tienes una manera en que a menudo lo hago...

Todos reciben una tarjeta y un pequeño lápiz de golf al entrar al auditorio. Dejo cinco minutos (a veces diez) al final de mi sermón para un tiempo de escuchar.[50] Hago referencia a Juan 10:27 y a que Jesús desea hablarnos personalmente, y les recuerdo las maneras sencillas de probar y aprobar lo que percibimos que viene del Señor (Capítulo 7). Luego, usando el punto de partida "Quiero que sepas...", escuchamos al Señor.

Cuando hacemos esto en nuestra iglesia, pedimos al técnico de sonido que ponga una pista de música ambiental. Luego damos a las personas unos dos minutos de tiempo ininterrumpido para dejar que Jesús complete la frase.

Debo admitir que estaba nervioso la primera vez que hice esto. Además, me preocupaba un poco la gente que estaba viendo la transmisión en línea. ¿Se desconectarían? Decidí que no importaba, no comparado con guiar a las personas a experimentar a Jesús.

Si no hago nada más que lo que acabo de describir, lo considero un éxito. Sin embargo, a veces doy un paso más. Después de escuchar y escribir lo que sentimos que el Señor nos dijo, invito a cualquiera de nuestros ancianos, líderes de grupos de vida o líderes de equipo ministerial a ponerse de pie y compartir lo que oyeron del Señor.

---

50 Cuando consideré hacer esto por primera vez, me preocupaba cómo encontrar tiempo para incluirlo en nuestro ya lleno orden de servicio, pero luego recordé que nuestro objetivo es ser los padrinos y las damas de honor al lado del pasillo. ¿Qué podría ser más importante que usar mi influencia para que las personas se encuentren con el novio?

La primera vez que hice esto, estaba asustado —¿y si nadie se ponía de pie?—. Pero sí lo hicieron... y lo hacen... cada vez. Las personas comparten de manera profunda, genuina y auténtica lo que el Señor les dijo. Y siempre es poderoso. Le da a nuestra iglesia la oportunidad de escuchar las diferentes formas en que el Señor habla personalmente a sus hijos. Como limito quiénes pueden compartir a aquellos que están en liderazgo, no tengo que preocuparme de que alguien diga algo extraño.

¿Por qué es importante hacer esto en el contexto de nuestras reuniones dominicales? Porque es el contexto donde se reúne la mayor cantidad de personas. Es donde usualmente habla la persona o personas con mayor autoridad en la iglesia. Es donde se comunica y explica la visión y dirección de la iglesia. Cuando tejemos el hilo de Escuchar al Señor en este círculo, estamos marcando la dirección para toda la iglesia. Cuando me tomo el tiempo de tejer este hilo o cualquier otro, todos inmediatamente saben: Esto es importante.

No puedo medir el impacto de entretejer este hilo, pero como los hilos de hacer discípulos se están entrelazando simultáneamente en todos los círculos, el darle prioridad los domingos lo establece y valida de manera muy efectiva.

MINISTERIO DE NIÑOS

En las clases de niños los domingos por la mañana, sin importar qué currículo use tu equipo, deja de 5 a 10 minutos al final para decirles a los niños: "Dios es el mejor Padre de todo el mundo y, como todo buen papá, le encanta hablar con sus hijos. Vamos a cerrar nuestros ojos y escuchar para ver si quiere decirnos algo ahora. Usualmente, Él nos recuerda cuánto nos ama y lo bueno que es. Vamos a escuchar."

Después de un breve momento, pregunta a los niños si el Señor le dijo algo a alguno. Es fácil afirmar o corregir amablemente lo que compartan.

MINISTERIO DE ESTUDIANTES

Si tienes un tiempo de enseñanza que lleva luego a una discusión en grupos pequeños, termina la discusión usando los Puntos de Partida para enseñar a los estudiantes a escuchar al Señor y a compartir entre ellos. Esto ha transformado nuestro Ministerio de Estudiantes.

GRUPOS PEQUEÑOS

Cada semana, en algún momento del grupo de vida, nos dividimos en pequeños grupos de tres o cuatro hombres/mujeres. Hacemos un EBD y luego practicamos una de las Experiencias Fundamentales. La de Escuchar al Señor es la más popular. Usar las Experiencias Fundamentales quita una gran carga de planificación al líder del grupo de vida.

Nuestro flujo del grupo de vida es simple y reproducible:

- Compañerismo: usualmente compartimos una comida y tiempo para ponernos al día.
- Visión: leemos Hechos 2:42-47 y hacemos gestos con las manos junto con los niños.
- Avisos: alguien simplemente toma dos avisos relevantes de nuestro sitio web y los comparte con el grupo.
- Adoración: por lo general usamos videos de YouTube, comenzando con una canción adecuada para niños.
- Núcleo: hacemos un EBD y luego una de las Experiencias Fundamentales. (Después de la adoración, los niños salen para su propio tiempo dirigido por un padre rotativo, un hermano mayor o una niñera contratada.)

Una vez que se han modelado las cinco partes del flujo, cada una puede ser asignada a diferentes miembros del grupo de vida para que

HILOS

lideren la semana siguiente, de manera que nadie cargue solo con el peso del grupo. Aún mejor, cuando el grupo de vida se lidera de esta manera, dejamos huellas claras para que todos sepan cómo contribuir al grupo. Esta estrategia sencilla hace que multiplicar los grupos sea mucho más fácil.

El Flujo no está pensado para ser rígido. Aunque nuestros grupos de vida generalmente recorren todo el flujo durante sus reuniones, ese no es el objetivo principal. Sabemos que al Espíritu Santo le encanta cada aspecto del flujo y, si Él decide enfatizar uno en particular en una noche, queremos ser sensibles a eso y disfrutar de lo que Él está haciendo. Incluso en una clase de escuela dominical, puedes dejar tiempo al final para Escuchar al Señor. Prácticamente no existe un contexto donde esto no sea posible.

GRUPOS DE DISCIPULADO

El capítulo 13 describe el formato C.A.S.A., así que no lo repetiré aquí. Cuando practicamos escuchar al Señor, como parte de la sección "Saberlo" de nuestro tiempo, hacemos un EBD seguido de un tiempo de escuchar y escribir en nuestro diario lo que escuchamos, usando el Punto de Partida "Quiero que sepas…"

Es importante compartir entre nosotros lo que escuchamos del Señor, así que generalmente leemos en voz alta lo que escribimos en nuestros diarios. Esto nos da la oportunidad de afirmar o corregir lo que una persona recibió. También ayuda a derribar las paredes que el enemigo intenta construir para hacer que nuestra fe sea algo que guardamos solo para nosotros.

En cada una de las Experiencias Fundamentales, incluyendo Escuchar al Señor, es valioso reflexionar y escribir una declaración de "Yo voy a…", la cual también compartimos entre nosotros para poder celebrar nuestra experiencia con Jesús en nuestro próximo encuentro.

JUNTA DE PERSONAL

Por sorprendente que parezca, hacer espacio para las Experiencias Fundamentales es crucial para crear una cultura de hacer discípulos. El personal de una iglesia está compuesto por los principales portadores de la visión de la iglesia. Fracasé miserablemente cuando intenté que mi equipo se sumara simplemente explicándoles las Experiencias Fundamentales. Todo cambió cuando dejé de explicar y comencé a mostrar.

Cada semana, una parte de nuestra reunión de personal se dedica a experimentar a Jesús. Esto cumple una función de entrenamiento pero también crea unidad y amistad dentro del equipo.

FAMILIA

Creemos que los padres son los principales formadores de discípulos de sus hijos. Los entrenamos en maneras sencillas de mostrar a sus hijos cómo experimentar a Jesús. Cada Punto de Partida que he mencionado puede ser introducido y compartido en la familia. Imagina lo alentador que es ver a tu propia familia como un Grupo de Discipulado que discipula orgánicamente unos a otros en las Experiencias Fundamentales: a la hora de dormir con los pequeños, en conversaciones durante la cena, o más tarde durante los trayectos en auto. Estar en misión no se convierte solo en un viaje de verano, sino en un estilo de vida, disfrutando y siguiendo a Jesús juntos. Cuando estas Experiencias Fundamentales son la base de tu relación con Jesús, el terreno para familias saludables se cultiva día a día.

#2 Tejiendo hablar con el Señor

REUNIONES PRINCIPALES DE ADORACIÓN

Después de concluir tu sermón, puedes resumir brevemente la Oración de Descubrimiento y luego practicarla juntos usando el pasaje principal del sermón.

Cuando hago esto, modelo brevemente cómo agradecer al Señor por lo que la Escritura revela acerca de Él, y luego les doy tiempo para orar ellos mismos o escribir las cosas por las que pueden darle gracias.

Hago lo mismo con lo que la Escritura revela acerca de las personas. Lo modelo orando una breve oración que incluya Declarar y/o Pedir. Luego les doy tiempo para hacer lo mismo de manera privada. Finalizo desafiándolos a hablar con el Señor de esta manera durante la semana.

Aunque las reuniones principales de los domingos no ofrecen mucho en cuanto a mentoría personal, sí avanzan mucho en validar la verdad de que Jesús quiere hablar con nosotros. Esto hará que el trabajo de tus líderes de grupos de vida sea mucho más fácil.

A medida que tú y tu equipo comiencen a pensar más en tejer hilos de hacer discípulos, sin duda se les ocurrirán todo tipo de maneras creativas de hacerlo. Yo solo estoy compartiendo algunas para mostrarte lo fácil y natural que puede ser.

MINISTERIO DE NIÑOS Y LA FAMILIA

Aunque los más pequeños tal vez aún no puedan leer un pasaje de la Biblia, es fácil que cada uno agradezca a Dios por algo basado en la lección del día. Los niños pueden aprender a declarar juntos atributos de Dios, por ejemplo,

"¡Dios, tú eres poderoso y fuerte!"

"Jesús, tú me amas y escuchas mis oraciones."

"Dios, tú creaste todo el mundo y me hiciste tal como querías que

fuera."

Los niños más grandes pueden practicar declarando a Dios quién vieron que Él era en la historia bíblica del día. También se les puede enseñar una versión infantil del Padre Nuestro y mostrarles cómo orarlo de una manera que tenga significado personal. Esta Escritura es uno de los modelos más sencillos para la Oración de Descubrimiento y establece una base para hablar con Dios que Jesús enseñó a sus discípulos desde el principio. Padres: esta también es una dulce práctica que es fácil de incorporar en la rutina de la hora de dormir.

Recuerda, un niño que crece en una iglesia donde se tejen hilos de hacer discípulos experimentará a Jesús en cada contexto. ¡Es una gran iglesia para criar una familia!

MINISTERIO DE ESTUDIANTES

Practicamos la Oración de Descubrimiento en nuestros grupos de vida de estudiantes de manera similar a como describo a continuación.

GRUPOS PEQUEÑOS

Durante lo que llamamos el tiempo de Núcleo, nos dividimos en pequeños grupos de tres a cuatro hombres/mujeres. En un grupo de este tamaño, incluso la persona más callada generalmente se siente cómoda o al menos motivada a participar.

Seleccionamos un pasaje de la Escritura—muchas veces del sermón más reciente, aunque no siempre. Después de compartir un EBD juntos, oramos usando la Oración de Descubrimiento. Empezar con un EBD ayuda a revelar exactamente aquello por lo que después damos Gracias, Declaramos o Pedimos en oración.

Cuando oramos juntos, no seguimos un orden "alrededor del círculo", pero animo a cada persona en mi pequeño grupo a orar en voz alta. Usualmente lo hacen. Puede ser una oración muy sencilla basada en el EBD que acabamos de hacer unos minutos antes, pero siempre hay poder en orar la Palabra de Dios.

No te preocupes si tu primer intento en esto no sale tan fluido como esperabas. Recuerda, estás tejiendo, y tejer toma tiempo—sigue adelante. El éxito no depende de tu ejecución perfecta, sino de que Jesús encuentre a las personas. Y Él lo hará.

GRUPOS DE DISCIPULADO

Practicamos la Oración de Descubrimiento durante el tiempo de "Saberlo". En este contexto, hay más tiempo para reflexionar y más tiempo en la reunión de la semana siguiente para compartir cómo nos fue personalmente al hablar con el Señor durante la semana.

JUNTA DE PERSONAL

Una vez que el personal ha experimentado hablar con el Señor juntos unas cuantas veces, es sencillo dividirlos en grupos para orar a través de una Escritura, intercediendo unos por otros y por la iglesia. La oración se vuelve mucho más profunda cuando estamos confiados de que estamos orando en alineación con el corazón de Jesús.

#3 Tejiendo escuchar al Señor para amar a otros

REUNIONES PRINCIPALES DE ADORACIÓN

Una manera simple de tejer este hilo de hacer discípulos al final del sermón es pedir a las personas que permanezcan en silencio por un minuto, preguntándole a Jesús el nombre de una persona a la que Él quiere que amen, animen, o con quien necesiten reconciliarse.

Es realmente asombroso lo que Jesús dice a veces y también lo asombroso que es ver cómo la gente responde en obediencia.

Una vez, la semana que tejimos esta experiencia en nuestra reunión dominical, un hombre me detuvo para compartir cómo sintió que el Señor le decía que se reconciliara con su hermano. Explicó que, desde que su padre había muerto años atrás, su hermano se había distanciado de los demás hermanos y había dicho cosas hirientes mientras se alejaba de ellos. El hombre continuó contando que, como resultado de las acciones de su hermano, la carga del cuidado de su madre había recaído completamente sobre él. Había luchado con amargura y falta de perdón hacia su hermano desde entonces... hasta que escuchó a Jesús decirle que buscara reconciliarse. Se sintió tan convencido por las palabras de Jesús que decidió acercarse a su hermano. Hay más en la historia, por supuesto, pero aquí está el punto: Cuando las personas escuchan a Jesús, todo cambia. Cuando las personas oyen a Jesús y pueden probar y comprobar su voluntad, como Dios promete en Romanos 12:2, están dispuestas a hacer cosas valientes—cosas sacrificiales y humildes—todo en respuesta a Jesús.

MINISTERIO DE ESTUDIANTES

Esta experiencia se ha tejido en la cultura de nuestro ministerio de estudiantes con gran efecto. A menudo, durante los tiempos de adoración estudiantil en nuestras reuniones semanales o en los retiros, los estudiantes escuchan al Señor para amar a otros y se mueven libremente por la sala orando unos por otros y compartiendo palabras de ánimo.

Cuando esto es nuevo, una manera sencilla de fomentar la idea de animarse unos a otros es dar a cada estudiante una tarjeta con el nombre de otro estudiante del grupo. Luego, piden al Señor una palabra o versículo para compartir como ánimo.

MINISTERIO DE NIÑOS Y LA FAMILIA

Damos a los niños un momento para pedirle al Señor que les recuerde a alguien a quien puedan decirle: "Te amo." A veces guiamos a los niños a preguntarle a Dios: "¿A quién quieres que ame o anime hoy, y cómo?"

A menudo, con los niños de preescolar, incluso hacer una manualidad o una tarjeta para regalar a un padre o un vecino puede sembrar desde temprano la idea de animar a otros. De igual manera, los líderes de preescolar pueden pedir al Señor dirección sobre cómo Él quiere que animen a cada niño cada mañana, y ese espíritu de ánimo y expresión de amor se multiplicará en los niños. Sé creativo al pensar en otras maneras de integrar esta experiencia.

Haz un Mapa de Oikos con tus hijos y ponlo en el refrigerador. Practiquen juntos la Oración "Inclúyeme". ¿Se te ocurren otras formas sencillas?

Imagina cómo sería para una persona crecer en un entorno ministerial así. Yo lo he visto, y es increíble.

GRUPOS PEQUEÑOS

Durante el tiempo de Núcleo, podemos comenzar yendo alrededor del círculo y dando a cada persona la oportunidad de compartir brevemente una necesidad o preocupación en su vida.

Luego hacemos un Estudio Bíblico de Descubrimiento sobre un pasaje que hable de la suficiencia o provisión de Dios. Por ejemplo, Colosenses 1:9-10:

> Pedimos que Dios les haga conocer plenamente su voluntad con toda sabiduría y comprensión espiritual, para que vivan de manera digna del Señor, agradándole en todo. Esto implica dar fruto en toda buena obra, crecer en el conocimiento de Dios.

Después del EBD, daremos la vuelta al círculo dando a cada persona un breve momento para expresar la gran lucha o estrés que está enfrentando actualmente. Después de que una persona comparta, el resto del grupo hace una pausa para darle espacio a Dios para que les ayude a Ver. Sentir. Responder. y luego orar, animar u ofrecer ayuda a la persona que compartió.

GRUPOS DE DISCIPULADO

Seguimos el mismo enfoque de los grupos de vida: hacemos un EBD en nuestro tiempo de "Saberlo", seguido de un tiempo para animarnos y orar los unos por los otros en el tiempo de "Aplicarlo".

JUNTA DEL PERSONAL

Estoy seguro de que puedes ver cómo podrías incluir esto en una experiencia del personal. La mayoría de las veces lo hacemos en pequeños grupos, pero también es muy poderoso escoger a una sola persona y que todo el equipo escuche al Señor para amarla y animarla.

#4 Tejiendo hablar con otros acerca del Señor

Tejer esta experiencia en los Círculos es un poco diferente de las demás experiencias, porque aquí el punto principal es unirnos a Jesús en tener conversaciones espirituales con personas que a menudo aún no son creyentes.

Como resultado, cuando tejemos este hilo en los diferentes círculos de la iglesia, generalmente estamos entrenando o practicando juntos los Puntos de Inicio. Aquí tienes algunos ejemplos:

REUNIONES PRINCIPALES DE ADORACIÓN

Una manera sencilla de tejer este hilo en este contexto es invitar a un momento de reflexión/escuchar al final del servicio, pidiéndole al Señor que traiga a la mente a alguien en nuestro círculo de influencia que necesite conocer las Buenas Nuevas.

Podemos comprometernos a enfocarnos en esta persona mientras practicamos la estrategia de Orar-Cuidar-Compartir durante la semana. Oramos por la persona cada día. Buscamos formas prácticas de mostrarle nuestro genuino cuidado. Hacemos espacio para cualquier conversación que quieran iniciar o que el Señor pueda orquestar.

La Oración "Inclúyeme" es otra manera sencilla de exhortar a las personas a dar a Jesús la oportunidad de crear un momento para hablar con otros sobre Él. Pide a las personas que envíen un correo electrónico o un mensaje de texto contando cualquier historia de cómo Dios los incluyó. Considera compartir esas historias el domingo con el permiso de quien las contó.

Uno de mis métodos favoritos es usar un pizarrón blanco el domingo para dibujar la Ilustración del Puente.

Por supuesto, equipamos a las personas con una tarjeta tamaño 4x6 y un lápiz, para que después de enseñarlo, podamos dibujarlo juntos. Luego los desafío a encontrar a una persona durante la semana y hacerle esta pregunta:

Mi iglesia está enseñándonos a dibujar una imagen que resume toda la Biblia en tres minutos. Se supone que debo practicarlo. ¿Podría mostrártelo y que me dieras tu opinión?

¡Sé creativo! Esa es la parte divertida de tejer la formación de discípulos en el tejido de tu iglesia. No olvides que compartir historias es una gran manera de "mostrar" a otros cómo es el discipulado en la vida diaria. A Jesús le encanta dejarnos ser creativos mientras tejemos con Él.

MINISTERIO DE NIÑOS Y LA FAMILIA

Hay muchas maneras divertidas y creativas de incluir a los niños en el aprendizaje de cómo Hablar con Otros acerca del Señor. Aquí tienes algunas ideas:

- Invita a un misionero o a alguien que haya regresado recientemente de una misión para que comparta de manera creativa acerca de las personas y el lugar donde llevó el amor de Jesús. Utiliza imágenes, sonidos, comidas, actividades o cualquier otro recurso que ayude a conectar a los niños con la gente de esa región. Comparte historias de lo que Jesús hizo. El Espíritu Santo usará todos estos esfuerzos para despertar un amor por las naciones del mundo en los corazones de los niños.
- Cuando estés con tus propios hijos, practica la estrategia de Oración-Interés-Compartir. Muéstrales cómo es amar y compartir con las personas en su oikos.
- Para los niños más grandes, podrías regalarles una pulsera

de silicona que tenga símbolos que cuenten la historia del Evangelio. Anímales a usarla y equípalos para que puedan explicarla.

- En nuestra iglesia, estamos comprometidos con el Ministerio Penitenciario Kairos[51] y cada vez que nuestros equipos entran en una prisión para un retiro de fin de semana, llevan consigo dibujos y tarjetas que nuestros niños más pequeños han hecho para los presos. Después del retiro, compartimos con los niños lo significativo que fue su aporte para aquellos que lo recibieron.

MINISTERIO DE ESTUDIANTES Y GRUPOS PEQUEÑOS

Aquí hay algunas maneras de incluir esta experiencia en estos círculos:

- Practicar dibujar la Ilustración del Puente.[52]
- Hacer un Mapa de Oikos y orar juntos por los perdidos en nuestras esferas de influencia individuales.
- Practicar compartir un testimonio de 15 segundos.
- Hacer un EBD en un pasaje que exprese el corazón de Dios para reconciliar al mundo.
- Ir a un parque u otro lugar público y ofrecer orar por las personas usando la Pregunta del Milagro, dando espacio a Jesús para crear una conversación espiritual.

GRUPOS DE DISCIPULADO

Todas las maneras descritas anteriormente funcionan también en este círculo. Dicho esto, este círculo es quizás el mejor para salir juntos a hablar con otros acerca del Señor.

---

51 Ministerio Penitenciario Kairos Internacional | Brindando esperanza y sanación a personas encarceladas, consultado el 4 de septiembre de 2024. https://kairosprison-ministry.org/.
52 Ver DiscipleMakingThreads.com.

Este contexto ministerial proporciona un ambiente único que ningún otro círculo puede ofrecer. Aquí tienes la responsabilidad mutua y la conexión personal que ayudan a las personas a atreverse a ir a donde quizás no irían solas.

Si el discipulado solo consiste en sentarse en una cafetería para hacer un estudio bíblico, entonces nunca se reproducirá y probablemente no alcanzará a muchas personas con el Evangelio. Peor aún, roba a las personas la oportunidad de responder al Llamado del Reino que Jesús ha hecho. Recuerda: todo esto es parte de disfrutar y seguir a Jesús. No le niegues esto a quienes estás discipulando.

EL IMPACTO MÁS AMPLIO

Fui parte de una iglesia maravillosa que solía celebrar cuánto dinero dábamos a la agencia misionera de la denominación. La iglesia era generosa en generar fondos para que otros hicieran misiones, pero su propia gente no estaba siendo movilizada personalmente.

Cuando los hilos de hacer discípulos en una forma reproducible se tejen en el tejido de tu iglesia, todo esto cambia. Las historias del poder de Jesús y del coraje de personas humildes que lo siguen se vuelven normales y estimulantes.

Estos sencillos Puntos de Partida no solo ayudan a una persona a comenzar a vivir su vida como un aventurero con Jesús, sino que, al convertirse en parte del tejido de tu iglesia, notarás que la asistencia a las salidas evangelísticas será mucho mayor. La capacitación para misiones internacionales también cambia, porque ahora las personas ya han sido equipadas o al menos están familiarizadas con los Puntos de Partida para tener conversaciones espirituales con otros.

Cuando estos hilos se combinan con una estrategia para alcanzar a las naciones, te sorprenderás de quién responde al llamado del Señor para llevar el Evangelio hasta los confines de la tierra.

CAPÍTULO 20

EL ROL DE LOS TEJEDORES PRINCIPALES

Tejer hilos de hacer discípulos es un enfoque intencional y persistente en el ministerio de la iglesia. Como muchos pastores principales, la monotonía de hacer discípulos inicialmente frustraba mi naturaleza de "¡Vamos, hay que hacerlo ya!". Quería ver cambios rápidos… Quería poder medirlos… Quería formar un equipo, nombrar un líder y darle todo lo necesario para que lo lograra. Pero ahora estoy convencido de que esa no es la manera de Jesús.

> **Tejer hilos de hacer discípulos es un enfoque intencional y persistente en el ministerio de la iglesia.**

No te equivoques: claro que hay un lugar para el líder visionario que avanza con fuerza. Absolutamente. Pero cuando el objetivo es crear una cultura de hacer discípulos en el modelo predominante de iglesia en Estados Unidos, el rol del líder visionario no es seguir exhortando a las personas con "¡Más rápido! ¡Debemos acelerar! ¡Hay que hacerlo ya!".

La mayoría de las personas —alrededor del 93%— no reciben

ese tipo de exhortación como un aliento saludable.[53] Lo reciben como presión. Lo escuchan como "No estás haciendo suficiente". Eso no es ánimo, eso es una carga, y lleva a las personas a sentir que no son valoradas. Afortunadamente, hay una manera mejor de usar las fortalezas del líder visionario.

EL HUMO DEL CAMPO DE BATALLA

Los generales más respetados son aquellos que conducen a sus tropas en medio de la batalla. Hay algo increíblemente genuino y poderoso en un líder que huele al humo del campo de batalla.

Cualquier persona en el planeta puede acceder a los contenidos de los mejores maestros del planeta.

Un rol mucho más valioso para el líder visionario y apostólico es usar su voz para gritar: "¡Vamos en la dirección correcta! ¡No te rindas! ¡Estoy contigo! ¡Estoy orgulloso de ti!"

En la batalla por crear una cultura de hacer discípulos en una iglesia, los líderes realmente deben estar haciendo discípulos ellos mismos. Hacer discípulos no es un programa que un líder pueda delegar. Cuando un líder está personalmente involucrado en un grupo de vida o liderando un grupo de discipulado, se nota. Sus instrucciones y preguntas; su ánimo y estrategias llevan el aroma de quien realmente está en la lucha. Un líder que está en la lucha es uno de los agentes más importantes para crear una cultura de hacer discípulos. ¿Por qué? Porque así fue como lideró Jesús.

53 Kubicek, Jeremie y Cockram, Steve (2016). The 5 Voices: How to Communicate Effectively with Everyone You Lead. Hoboken, NJ: Wiley.

PASTOREANDO EN LA ERA DIGITAL

Ya estamos en una era en la que cualquier persona en el planeta puede acceder a los contenidos de los mejores maestros del planeta a través de diversas plataformas digitales. No pasa una semana sin que alguien en nuestra iglesia me mencione alguna enseñanza maravillosa que escuchó en un podcast o en un video en línea. Y esto solo seguirá creciendo con los avances tecnológicos.

Esto es algo que ni siquiera todos los mejores maestros del mundo juntos pueden hacer por nuestra iglesia.

¿Cómo puedo competir con todo este contenido increíble? No puedo… y no debo hacerlo. La realidad es que tengo una responsabilidad mucho más importante: Cultivar una cultura de hacer discípulos. Esto es algo que ni siquiera todos los mejores maestros del mundo juntos pueden hacer por nuestra iglesia. Solo puede ser liderado por aquellos que están realmente en la iglesia local.

Antes, cuando luchaba con mi adicción al domingo por la mañana, pensaba que mi principal prioridad era predicar el domingo (y nuestra iglesia también lo pensaba). Si bien es cierto que debo asegurarme de que tengamos enseñanza de calidad, mi verdadero rol es ser el Principal Creador de Cultura. Estoy decidido a que nos convertiremos en una iglesia que muestra a las personas cómo disfrutar y seguir a Jesús juntos, de manera que puedan enseñar a otros a hacer lo mismo.

LA PRIORIDAD DE LA ORACIÓN

Otro rol clave del tejedor principal es el de intercesor. Por ahora, entiende la intercesión como orar oraciones por otros que ellos mismos deberían estar orando, pero que no pueden o no quieren orar.

Una cultura de hacer discípulos no surgirá solo organizando, movilizando y contando. Se forma cuando los líderes persisten en la oración por ella y no se detienen.

En la oración, no solo colocas tus peticiones en la puerta celestial de Dios; también reconoces tu gran necesidad de Jesús. Este es, de hecho, un aspecto profundamente contraintuitivo de cómo Dios endereza tu camino. ¿Recuerdas Proverbios 3:5-6?...Confía en el Señor de todo corazón y no te apoyes en tu propia inteligencia. Reconócelo en todos tus caminos y él enderezará tus sendas.

La intercesión persistente nos humilla porque la oración nos coloca en la presencia de Jesús.

Su presencia siempre produce humildad en aquellos que lo aman. Incluso antes de que una palabra salga de tu boca, tu reconocimiento de su señorío, sabiduría, estrategia y suficiencia le da espacio para bendecir.

Las personas que lideras probablemente nunca sabrán del trabajo que haces en oración por ellas, pero ciertamente experimentarán el fruto de ello.

CAPÍTULO 21

UNA INVITACIÓN

Si has leído este pequeño libro y has sentido que algo despierta en ti el deseo de tejer hilos de hacer discípulos en el tejido de tu iglesia, tengo un último ánimo para ti: no lo intentes solo.

Crear una cultura de hacer discípulos requiere cambiar la cultura existente mientras al mismo tiempo sigues guiando tu iglesia—un proceso parecido a esa vieja ilustración de intentar cambiar la hélice de un avión sin perder altitud.

Es mucho más fácil hacerlo cuando formas parte de un grupo de otros pastores y líderes que están persiguiendo el mismo objetivo en sus iglesias. Así que aquí va la invitación… Ven a caminar conmigo y con otros líderes de mentalidad similar, determinados a romper su adicción al domingo por la mañana y a crear una cultura de hacer discípulos en sus iglesias.

Al momento de escribir *Hilos*, este "caminar juntos" consiste en ocho llamadas por Zoom durante las cuales practicamos juntos las Experiencias Fundamentales, y luego, antes de la llamada de la semana siguiente, elegimos una experiencia y la tejemos dentro de uno de los Círculos o contextos de nuestra iglesia. En la siguiente llamada, compartimos cómo nos fue y qué aprendimos.

Al trabajar con pastores y miembros de su equipo ministerial, he visto que este tipo de cohortes y entrenamientos tienen un efecto acelerador en la transformación de la cultura de su iglesia hacia una centrada en hacer discípulos.

Recuerda, siempre entrenamos mejor y con más compromiso cuando entrenamos en equipo. Esa es la invitación que te estoy extendiendo.

Para más información sobre cohortes y entrenamientos que podrían estar disponibles actualmente, escribe a: Info@DisciplemakingThreads.com.

UN RESUMEN DE LOS PUNTOS DE PARTIDA

Vale la pena repetirlo: los Puntos de Partida son simplemente eso, lugares para comenzar. No los conviertas en reglas. Solo tienen valor en la medida en que ayudan a una persona a comenzar a disfrutar y seguir a Jesús.

Dicho esto, los Puntos de Partida son importantes porque, de otro modo, la persona a la que discipulas tendrá dificultades para saber cómo discipular a alguien más.

Los puntos de partida se basan en la Palabra inmutable de Dios. Estas son solo algunas de las Escrituras que constituyen su base bíblica:

Escuchar al Señor
Base Bíblica
Juan 10:27   Juan 14:26
Santiago 1:5   Juan 16:15
Romanos 12:2

Escuchar al Señor para amar a otros
Base Bíblica
Filipenses 2:13
1 Tesalonicenses 5:11
Juan 16:23

Hablar con otros acerca del Señor
Base Bíblica
Colosenses 4:2-6
Mateo 28:18-20
Hechos I.8   1 Pedro 3:18

Hablar con el Señor
Base Bíblica
Efesios 6:18; 3:16-19
Romanos 8:15
Filipenses 4:6-7
Hebreos 4:16

Escuchar al Señor

ESTUDIO BÍBLICO DE DESCUBRIMIENTO

Un estudio inductivo simple que es el Punto de Partida para hacer
discípulos en el círculo de Casa a Casa o en el círculo de Discipulado de
Vida en Vida. Aunque existen diferentes variantes del EBD, nosotros lo
utilizamos así:

- El pasaje de la Escritura se lee dos veces en diferentes
  traducciones.
- El grupo estudia el pasaje haciendo dos preguntas: 1) ¿Qué
  revela este pasaje que es verdad acerca de Dios, su carácter,
  prioridades o maneras? 2) ¿Qué revela acerca de las personas,
  su carácter, prioridades o maneras?
- Luego respondemos: ¿Cómo es esto una buena noticia para mí?
- Después de esto, practicamos una de las Experiencias
  Fundamentales.

QUIERO QUE SEPAS...

Una frase inicial para que las personas practiquen escuchar al Señor.
Utilízala después de un EBD o un sermón, dando a la gente 1-2 minutos
para permitir que Jesús complete esta frase. Recuerda que el Espíritu
Santo siempre habla de manera consistente con la Escritura, consistente
con el carácter de Dios como Buen Padre, y siempre en un tono positivo,
no condenatorio, incluso cuando nos corrige en nuestro pecado.

Usar un diario espiritual es una excelente disciplina que ayuda a las
personas a llevar un registro de su viaje espiritual.

YO VOY A...

Una declaración que la persona usa para reflexionar en asociación con el Espíritu Santo y determinar cuál debe ser su siguiente paso de obediencia en respuesta a lo que ha escuchado.

Hablar con el Señor

ORACIÓN DE DESCUBRIMIENTO

La Oración de Descubrimiento usa la Escritura como base para la oración siguiendo el patrón de Agradecer-Declarar-Pedir.

Comenzamos observando qué revela el pasaje acerca de Dios para darle gracias. Mientras alguien ora, los demás deben escuchar. Al orar juntos, el Espíritu Santo suele traer pensamientos o imágenes que ayudan a **agradecer** de manera más específica o personal.

También observamos el pasaje para ver lo que dice acerca de nosotros o de otros y lo **declaramos** en oración, ejerciendo nuestra autoridad espiritual en Cristo.

Finalmente, **pedimos** más de lo que el pasaje nos dice que Jesús tiene para nosotros.

Cuando oramos, es útil orar con oraciones cortas, hacer pausas y escuchar a Jesús para permitir que Él guíe o expanda nuestras oraciones.

Escuchar al Señor para amar a otros

VER-SENTIR-RESPONDER

Utiliza este enfoque para obtener la perspectiva e intuición de Dios con el fin de fortalecer, consolar y animar a otros. Pregúntale al Señor qué ve, qué siente y cómo quiere que respondas. Puede que te dé algo para orar, una imagen para compartir, un acto de servicio que realizar, o simples palabras de ánimo para edificar a alguien.

Hablar con otros acerca del Señor

ORACIÓN-INTERÉS-COMPARTIR

Un Punto de Partida que nivela el terreno para que todos—sin importar su personalidad o experiencia—puedan empezar a vivir en misión. Consulta el Capítulo 10 para una explicación más detallada de este Punto de Partida.

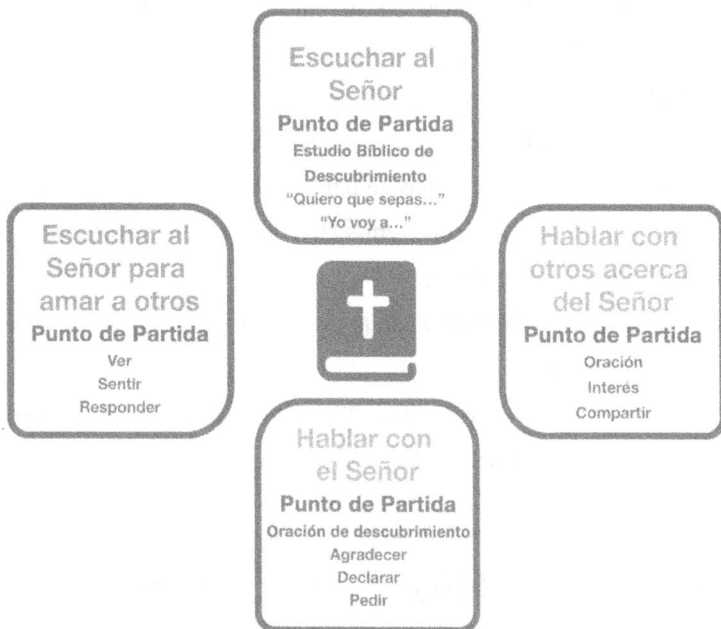

Escuchar al Señor
Punto de Partida
Estudio Bíblico de Descubrimiento
"Quiero que sepas..."
"Yo voy a..."

Escuchar al Señor para amar a otros
Punto de Partida
Ver
Sentir
Responder

Hablar con otros acerca del Señor
Punto de Partida
Oración
Interés
Compartir

Hablar con el Señor
Punto de Partida
Oración de descubrimiento
Agradecer
Declarar
Pedir

OTRAS DEFINICIONES ÚTILES

ESCUCHANDO AL SEÑOR PARA LA LIBERTAD

Para conocer Puntos de Partida básicos que todos pueden emplear para recibir libertad del pecado, creencias equivocadas y heridas, visita: DiscipleMakingThreads.com/StartingPoints.

Para obtener apoyo que todos puedan utilizar para recibir libertad del pecado, creencias impías y heridas, visite DiscipleMakingThreads. com/StartingPoints.

Para un entrenamiento y recursos más profundos, te animo a visitar:-FreedomPrayer.org.

ILUSTRACIÓN DEL PUENTE

Un dibujo sencillo que expresa cuánto nos ama Dios. Requiere práctica para dibujar, hablar y relacionarse con la otra persona al mismo tiempo, pero es un Punto de Partida que todo seguidor de Jesús debería dominar. Para un video que te guía en una breve presentación de la Ilustración del Puente, visita: DiscipleMakingThreads.com.

MAPA DE OIKOS

Un dibujo de nuestro círculo personal de influencia que nos ayuda a identificar personas por las cuales podemos orar (ver página 104).

ORACIÓN "INCLÚYEME"

Una oración sencilla para hacer dondequiera que estés y con quienquiera que estés: Jesús, ¿me incluirías en lo que estás haciendo?

Jesús no está buscando "usarte" como una herramienta. Como un buen padre, quiere incluirte. Hay algo divertido, aventurero y personal en esta perspectiva.

Aunque esto forma parte de Oración, Interés y Compartir, también es un Punto de Partida muy poderoso por sí solo. Recuerda el impacto que tuvo en Leo. ¡Comienza a orarla y verás a Jesús manifestarse!

PREGUNTA DEL MILAGRO

Una pregunta sencilla que abre espacio para una conversación espiritual: Si Dios pudiera hacer un milagro en tu vida, ¿cuál sería? ¿Puedo orar por eso?

TESTIMONIO DE 15 SEGUNDOS

Una breve historia personal de cómo Jesús hizo una diferencia en tu vida. No es tu "historia de salvación", sino algo que generalmente se relaciona más con la necesidad expresada por la persona por la que acabas de orar. Se puede comenzar fácilmente con la frase: Hubo un tiempo en mi vida... Consulta la página 96 para ver un ejemplo que di de mi experiencia con JoJo.

MÁS ACERCA DE ESCUCHAR AL SEÑOR

Si la idea de Escuchar al Señor te parece más amenazante que emocionante, y te sientes más resistente que tranquilo, tal vez esta historia te ayude.

Recientemente, un pastor amigo mío se reunió conmigo para tomar un café. Su tradición eclesiástica pone mucho énfasis en la Palabra, pero no tanto en el Espíritu. Me había escuchado compartir sobre mi encuentro con Leo y estaba intrigado por mi énfasis tanto en la Palabra como en el Espíritu, específicamente en la idea de Escuchar al Señor.

Tomamos nuestro café, hablamos un poco de cosas triviales, pero luego bajó la voz y se inclinó hacia mí, como si alguien pudiera escucharnos hablando de algo subversivo, y me preguntó: "Kirk, me intriga la idea de Escuchar al Señor, pero tengo que preguntar... '¿Es seguro? Quiero decir, ¿qué hay de la suficiencia de la Escritura?'"

Los buenos pastores siempre deberían hacer este tipo de preguntas.

Me encanta que hiciera esas preguntas (tal vez tú también las estás haciendo). Sus preguntas mostraban su genuina preocupación por pastorear bien a las personas. Los buenos pastores siempre deberían hacer este tipo de preguntas.

Como afirmé en el Capítulo 7, creo en la suficiencia de la Escritura. La Biblia es la Verdad inmutable de Dios para todas las personas de todos los tiempos, suficiente para la salvación y una vida que glorifique a Dios. La doctrina de la suficiencia de la Escritura es vitalmente importante, y es la única razón por la que creo que el Espíritu Santo habla con una voz espiritual que todos los creyentes pueden discernir y en la cual pueden confiar. Si Dios no nos hubiera dicho en la Escritura que podíamos interactuar personalmente con el Espíritu de Jesús—escuchándolo y hablándole—la humanidad jamás lo habría imaginado. Considera las grandes religiones creadas por el hombre: ninguna de ellas promete ni fomenta tener una relación personal con Dios. Solo cuando el único y verdadero Dios se revela en su Palabra vemos que Él desea conocernos y que nosotros lo conozcamos a Él.[54]

A través de la encarnación y todo lo que Jesús logró, Dios mismo nos está invitando a una relación tan personal que la describe como Padre/hijo y Novio/novia.[55] Estas relaciones humanas se basan en la comunicación, y esa es parte de la razón por la cual Dios las provee como referencia para entender cómo debemos relacionarnos con Él. Estas relaciones son más íntimas que cualquier otra y, sin embargo, sólo apuntan a la intimidad suprema que debemos tener con el Cristo resucitado, quien, según la Escritura, vive realmente dentro de nosotros.[56] ¿Qué novio ignora a su novia? ¿Qué buen padre se niega a afirmar personalmente a cada uno de sus hijos?

---

54 Génesis 1:28; 3:8-9; 12:1-17:27; Miqueas 6:8; Juan 14:17; Apocalipsis 21:1-5... y muchos, muchos más lugares en las Escrituras.
55 1 Juan 3:1; Apocalipsis 19:7-9 entre otros.
56 Gálatas 2:20; Efesios 3:14

Decidí que si realmente creo en la suficiencia de la Escritura, entonces debo creer y abrazar lo que la Escritura me dice sobre el tipo de interacción íntima que puedo tener con Dios. No quiero permitir que la tradición de la iglesia tenga más peso que la Biblia, llevándome a apagar al Espíritu Santo. Tampoco quiero permitir que el miedo robe a nuestra gente el gozo y poder de una relación personal real con Jesús. Más bien, quiero recibir con valentía y expectativa todo lo que la Biblia nos dice que Jesús ganó para nosotros mediante su muerte y resurrección.

Si realmente creo en la suficiencia de la Escritura, entonces debo creer y abrazar lo que la Escritura me dice sobre el tipo de interacción íntima que puedo tener con Dios.

Mi amigo también preguntó: "¿Es seguro?" Recuerda el campo cercado por tres postes que describí en el Capítulo 7: la Palabra de Dios, el Espíritu de Dios y el Pueblo de Dios. En realidad, funciona como una salvaguarda efectiva en la vida de la iglesia local.

He descubierto que cuando permanecemos dentro de ese campo cercado, las personas realmente aprenden a experimentar a Jesús de manera personal. Incluso cuando alguien "oye" algo de manera incorrecta, su participación continua en la comunidad del Pueblo de Dios permite una corrección rápida y gentil. Las personas ya llevan consigo creencias no bíblicas en sus mentes; al enseñarles a Escuchar al Señor dentro del campo de los tres postes, en realidad estamos brindando la oportunidad de que estas creencias erradas sean expuestas para que podamos alinearlas con la mejor manera de Dios. Para las personas que viven dentro de este campo cercado—desde los que aún no creen hasta madres y padres espirituales—casi nunca ocurren grandes catástrofes heréticas. Por el contrario, este espacio provee la manera establecida por Dios para que prevalezca la sana doctrina.[57]

Este siempre ha sido el camino de Dios. No olvides a quiénes fueron escritas las Epístolas: seguidores comunes y corrientes de Jesús. Ninguno tenía títulos avanzados en teología. Ellos, como nosotros, dependían de la Palabra de Dios, el Espíritu de Dios y el Pueblo de Dios. Esto es Cristianismo 101.

En el Capítulo 7, describo cómo uso la declaración "Quiero que sepas..." como Punto de Partida para Escuchar al Señor. Ya había hecho este ejercicio con grupos pequeños, pero no con toda nuestra congregación, y me sentía un poco ansioso. Me preguntaba: "¿Es presuntuoso de nuestra parte esperar que Dios hable a demanda?" Esta es una pregunta diferente a la que cuestiona si Dios habla. Yo me preguntaba: "¿Habla Dios cuando queremos que lo haga?"

He descubierto que usualmente sí lo hace. ¿Acaso no hablo con mi esposa cuando ella quiere conversar? ¿No habla un padre con su hijo, especialmente cuando el niño está ansioso por escuchar la sabiduría de su padre? La Biblia nos instruye repetidamente a filtrar nuestro

---

57 Mi única advertencia con respecto a la salud mental. En muy pocas ocasiones he tenido problemas en esta área con una persona que lidia con un problema de salud mental.

entendimiento y expectativas sobre Dios a través del lente de estas relaciones.

Cuando nos involucramos con la Palabra de Dios en nuestras reuniones dominicales (o en otros contextos) y luego tomamos tiempo para darle espacio al Espíritu de Dios para que nos impresione con sus pensamientos, Él está tan deseoso de encontrarse con nosotros como lo estaba cuando caminaba en el Jardín al fresco de la tarde para estar con Adán y Eva — Él sigue siendo ese mismo Dios.

¿QUÉ DICE DIOS?

Una pregunta más importante tiene que ver con nuestra expectativa: "¿Qué dice el Señor? ¿Dice Dios lo que queremos que diga o responde preguntas como el genio de Aladino?"

Mira esa pregunta a través de las gafas de padre/hijo. ¿Se relaciona un buen padre con sus hijos de esa manera? A veces un hijo desea desesperadamente saber algo o recibir algo, y el padre decide retenerlo o darle algo diferente.

¿Recuerdas lo que Jesús dijo sobre el Espíritu Santo? Él les enseñará y les recordará todo lo que yo les he dicho. Pablo nos dijo que el Espíritu Santo creará en nosotros el deseo de hacer la voluntad de Dios y el poder para seguirla.[58]

Dios quiere que llevemos nuestras preguntas y preocupaciones más urgentes ante Él.[59] Cuando lo hacemos, a menudo actúa como lo hacen los buenos padres cuando sus hijos están angustiados: los consuela. Les recuerda su amor. Los acerca para que sientan la seguridad de su presencia. A veces un buen padre imparte una solución o respuesta directa al problema, a veces no, pero siempre consuela, fortalece y anima.

---

58 Juan 14:26, Filipenses 2:13
59 Efesios 6:13; 1 Pedro 5:7; Mateo 6:9-13 y otros.

En el fondo, todos sabemos que esto es verdad. ¿Por qué? Porque fuimos diseñados por Dios para relacionarnos con Él como un Padre — el Mejor de los Padres. Él realmente quiere que lo tratemos como tal.

No olvides cómo el pecado, las mentiras y las heridas pueden afectar nuestra conexión con Dios. El Capítulo 11 nos recuerda las armas simples pero poderosas que tenemos a nuestra disposición para eliminar esos obstáculos de nuestra experiencia con Dios.

DÓNDE COMENZAR DE FORMA SEGURA

La mejor manera que conozco para practicar Escuchar al Señor de forma segura es hacerlo personalmente. Comienza leyendo y meditando en la Palabra de Dios, luego, con tu diario, usa el Punto de Partida "Quiero que sepas…". Creo que sentirás que Jesús trae pensamientos a tu mente que te animan y afirman su amor por ti. Tal vez estarán directamente relacionados con lo que leíste en la Escritura o simplemente serán algo que esté alineado con la Escritura. Usa las cuatro formas del Capítulo 7 para probar y aprobar lo que escuchas y, si no estás seguro de lo que recibiste, compártelo con otros seguidores de Jesús en quienes confíes (el Pueblo de Dios).

Intenta Escuchar al Señor en el contexto de tu grupo de discipulado personal o en algún otro entorno. Jesús se hará presente. (Esto fue lo que hice con Leo, ¿recuerdas?) Si alguien del grupo comparte algo que sabes que no es bíblico, no solo lo corrijas diciéndoselo; muéstrale en la Biblia dónde Dios revela lo que es verdaderamente cierto. La gran mayoría de las veces, el nivel de "herejía" es muy bajo y comúnmente se relaciona con un problema de justicia basada en obras o con algo relacionado a la vergüenza/condenación. Estas cosas son fáciles de corregir, y cuando lo haces, sentirás el gozo de un padrino o madrina de boda al ver al Novio acercando a su novia más cerca de Él.

¿Listo para dar el
siguiente paso?

Después de haber trabajado con más de 300 iglesias, Kirk ha aprendido que la intencionalidad y la perseverancia a lo largo del tiempo son las claves para transformar la cultura de una iglesia.

Si eres el pastor principal y estás listo para comenzar el camino hacia una cultura de formación de discípulos en tu iglesia, no lo hagas solo. Permite que el equipo de Entrenamiento de Threads te apoye a ti y a tu equipo pastoral.

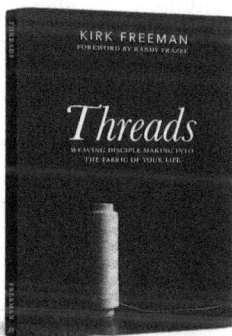

KIRK FREEMAN
FOREWORD BY RANDY FRAZEE

Threads
WEAVING DISCIPLE MAKING INTO
THE FABRIC OF YOUR LIFE

ACERCA DEL AUTOR
Kirk Freeman

Kirk Freeman no es un experto en hacer discípulos de forma reproducible, pero está inquebrantablemente comprometido con ello. También está comprometido a ayudar a pastores que desean entretejer la formación de discípulos en el tejido de su iglesia. Después de perseguir una carrera como compositor de música country, se dio cuenta de que no era tan bueno como su madre decía que era. Pasó una década en la industria editorial cristiana en Nashville y Dallas, antes de graduarse del seminario y unirse al equipo pastoral de una iglesia, primero como Pastor de Alabanza y luego como Pastor Ejecutivo. En 2002, él y su familia se mudaron a San Antonio para plantar CrossBridge Community Church, donde ha sido pastor principal por más de 20 años.

Él y su esposa, Debbie, se conocieron en la escuela primaria y ahora tienen una familia creciente con maravillosas hijas y yernos.

PARA INVITACIONES A CONFERENCIAS
O ENTRENAMIENTOS:
email info@DiscipleMakingThreads.com.

CONECTA: Instagram.com/KirkFreeman_

www.ingramcontent.com/pod-product-compliance
Lightning Source LLC
Chambersburg PA
CBHW071217090426

42736CB00014B/2868